황두승 제6시집
번역시집
겸허한 사랑

겸허한 사랑

황두승 편역

채문사

시인의 말

시란 문화와 지성의 궁극적 실현이다

제6시집 번역시집을 내면서

세계를 지배하는 핵심적인 두 요소를 말한다면, 힘과 가치이다
전자가 현실세계를 지배하는 물리적인 권력으로서 정치적 권력, 군사력, 경제력, 기술력 등을 의미한다면, 후자는 정신세계를 지배하는 보편적인 가치로서 '문화'와 '지성知性'을 창출하는 것이다. 물리적 힘의 세계를 초극할 수 있는, 모든 문화와 지성의 궁극적 실현 또는 정화精華 단계는 '시詩'라고 말할 수 있다.

글로벌 소통의 영역에서, 선진화된 문화의 연성 권력Soft power으로서, 우리의 한류문화가 세계적으로 유행하고 있지만, 보다 심층적인 교류는 대화 상대방이 쓰는 언어로 징표된, 최고의 문화적 정수精髓인 '시'를 통해 상호적 교감을 나누는 것이다.

예컨대 우리의 외교관 또는 민간인의 국제 활동에서 가장 충만한 교양의 표출에 따른 소통과 공감은 서로의 언어로 된 시를 통하여 보편적인 인간 정서情緒를 상호적으로 나누는 것이다. 시를 통해 사전적으로 서로 다른 문화 환경의 이해의 폭을 넓힌다면, 외교적 교섭과 협력의 공간은 더욱더 확대될 것이다.

중국과 교류를 할 때에도, 중국의 한시를 이해하고 감상하는 것은 물론, 우리의 한시를 통한 정감과 지성을 전달할 수 있다면 금상첨화이지 않겠는가!

자녀의 교육에 있어서도 교양教養의 형성에 '시'만큼 좋은 소재는 없을 것이다. 우리나라의 교육열은 세계최고이지만, 자녀를 특히 세계적인 교양과 지성을 가진 경쟁력 있는 인재로 키워내기 위해서는 시적인 정서와 영혼을 양육시켜 주는 것이 필요하다 할 것이다.

또한 마음의 양식으로서 시적 품성을 갖추는 것은 각자의 인생

에서 대응역량과 행복총량을 증대시켜 줄 것이다.

　이 시집에서는 우리가 익히 알고 있는 세계의 명시들보다는, 지성의 대명사로 징표되는 명시들을 선정하여 번역하려고 하였다. 예컨대 예술의 자유와 관련하여, 독일연방헌법재판소 판례(판례집 67권 213쪽)의 내용이 되었던 브레히트Brecht의 시나, 철학자 헤겔Hegel이 시인 친구인 휠덜린Hölderlin에게 헌정한 시 등이 그것이다.
　과연 각각의 언어에 내재된 고유한 운율까지 번역될 수 있는 것인가? 이에 대해서는 극단적인 회의적 태도로서 "시의 '번역'은 '반역'이다"라는 표현까지 있다.
　지금까지 '어문학자'가 번역한 외국시를 많이 접해 본 독자들은 혁명시학의 관점에서 두승 시인이 번역한 시들이 낯설게 느껴질 수도 있다. 그러나 달리 생각하면, 새로운 감각을 지닌 시의 색깔을 맛볼 수 있을 것이다.
　우리의 시를 새롭게 이해하는 차원에서도, 국수주의적國粹主義的인 감상주의感傷主義: sentimentalism에 매몰되지 않고 세계의 다양한 미각의 시들을 접함으로써, 새로운 시창작의 지평을 넓힐 수 있을 것이다.
　아무쪼록 이 미천한 번역시집에서 나오는 번역시들을 감상하고 활용하여 조금이라도 독자들에게 도움이 되기를 소망한다. 독자 각각의 고유한 활동영역에서 교양을 배양하고, 문화적인 자긍심을 고양하며, 겸허한 사랑을 터득할 수 있다면, 설령 반역적인 번역시ᅵ 할시라도 번역한 시인의 소임은 나름대로의 의미가 있지 않을까 기대하는 바이다.

차례

시인의 말 ·· 6

제1부 　동양의 한시

어머니를 그리워하는 시 ································ 18
장한가 마지막 구절 ································ 20
결혼 60주년을 기념하며 ································ 22
꿈결 속의 짧은 노래 : 아내에게 부치는 시 ················ 24
유지시 ································ 26
유지시 3수 ································ 28

유지사	30
예안을 지나다가 퇴계 이황 선생을 뵙고 율시 한 수를 올리게 되다	36
석천 임억령의 시에 차운하다	38
밤남정에서의 이별 / 정자는 나주 북쪽 오리에 있다	40
퇴계 선생의 죽음을 슬퍼하다	44
자, 술잔을 받게나	46
달 아래 홀로 술을 마시다	50
술잔 잡고 달에게 묻노라	52
화도집음주 20수 중 두번째 시	54
도를 깨우친 시	56
대주2	58
그렇구나 1	60
그렇구나 2	62
높은 곳에 올라	64
나의 삶	66
함허화상 게송	68
죽음에 대한 태도	70
가을 새벽에 잠 못 이루다	72
새벽녘에 바라보며	76
시냇물 만 리 흘러	78
도를 깨우친 시	80
평양 대동강에 배를 띄우다	82
봄밤에 내리는 기쁜 비	84

비의 빛깔 ………………………………………… 86
세검정에서 지은 홍원 채이숙의 시에 화답하다 …………… 88
세검정기 ………………………………………… 90
세검정에서 노닐다 ……………………………… 94
해오라기 한 마리 / 도중에 잠시 개다 ……………… 96
시를 재촉하는 비 ………………………………… 98
여름날 배를 띄워 진 대인의 물가 정자로 건너가다 ………… 100
애련설 …………………………………………… 102
상양궁 …………………………………………… 104
북한산에서 돌아오는 길에 세검정에 이르러,
제멋대로 육언시를 짓다 ………………………… 106
소사 여관 벽에 적다 …………………………… 108
가을 등불 아래 소낙비 내리다 ………………… 110
시골집 …………………………………………… 112
산에서 살다 ……………………………………… 114
산 속에서 ………………………………………… 116
이택지의 시에 차운하여 ………………………… 118
"서울에 있었던 옛 친구의 농장을, 고개 넘어 방문하여,
두보의 시에 차운하여 시를 짓다"의 5수 중 세 번째 시 ……… 120
서울의 임시거처에서 화분의 매화와 주고받다 …………… 122
주련시 …………………………………………… 124
오동나무는 천년이 지나도 그 곡조를 간직하고 ……………… 126
몹시도 춥구나 …………………………………… 128

사슴 울타리	130
산에서 노닐다	132
금강산 산행하러 떠나는 사람을 송별하다	134
압록강을 건너 용만성을 돌아보다	136
망양정	138
망양정에 올라 달을 바라보노라	140
숙종대왕 어제시	142
정조대왕 어제시	144
물러나 머물고 있는 계곡	146
아미산에 올라	148
흥취가 일어	150
신선이 자고 있는 집	152
부채에 그림을 그려 넣고 시를 적다	154
맹자의 등문공편 대장부	158
명심보감 성심편의 장원시	160
필명시	162
화성장대 친열성조 유시 제우미상	164
서울-이 또한 할아버지의 명을 받들어 지은 것이다 경인년 1650년	166
금강산	168
부안에 도착하여	170
동진강 들판의 주막에서, 나그네의 소회	172
안산을 걸어가면서	174
여름날의 유흥	176

흰 갈매기 · 178

복령사 · 180

홀로 앉아 긴 탄식을 하며 · 182

촉상 · 184

제갈량의 팔진도 · 186

삼리시 · 190

거시기를 잘라내는 슬픔이여 · · · · · · · · · · · · · · · · · 198

굶주리는 백성들 · 200

암행어사 임명을 받고, 적성촌 객사에 이르러 시를 짓다 · · · · · · · · 210

운명 · 216

전봉준 유시 · 218

사십구일 기도시 · 220

수행 격언시 · 222

진중음 삼수 중 제1수 · 224

칼춤의 노래 · 226

장부가 · 230

제2부 | 서양의 명시

니코스 카잔차키스의 글 · 234
미라보 다리 · 236
탄주가 · 240
눈부시게 아름다운 오월에 · 242
이니스프리 호도 · 244
첫사랑 · 246
정치 · 248
언덕 위에 앉아, 나는 바라보노라 -1절- · · · · · · · · · · · 250
산들이 더욱 푸르게 보이는 곳에 -2절- · · · · · · · · · · · 252
허공에 떠다니는 새털 같은 구름이여 -3절- · · · · · · · 254
허공에 높이 떠다니는 저 구름들은 -4절- · · · · · · · · · 258
오월이 오면 초원에 꽃이 피죠 -5절- · · · · · · · · · · · · · 258
그대여 이 노래들을 받으소서 -6절- · · · · · · · · · · · · · 262
오! 사랑할 수 있는 한 사랑하라 · · · · · · · · · · · · · · · · · 264
미뇽2 · 270
오늘 내 서른여섯 해를 마감하네 · · · · · · · · · · · · · · · · 274
명상17, 7번째 문단에서 · 280
셰익스피어 소넷 73 · 282
방황에 부쳐 - 크눌프를 추념하며 · · · · · · · · · · · · · · · 284
황무지 Ⅰ. 죽은 자의 매장 · 286
하프 연주자 1 · 294
하프 연주자 2 · 296

하프 연주자 3 · 298
안개 속에서 · 300
바닷가에서 밤에 · 302
바닷가에서 밤에 홀로 · 306
가지 않은 길 · 308
성공이란 · 312
나 자신의 노래 제1장 · 314
오드리 헵번의 아름다워지는 비결 · · · · · · · · · · · · · · · · · 316
비 오는 날 · 320
눈 내리는 저녁 날 숲가에 서서 · · · · · · · · · · · · · · · · · · · 322
지하철 정거장에서 · 326
4월 님프들의 흩어진 편린들 · 328
오! 민주주의 너를 위하여 · 330
시대착오적인 행진 또는 자유와 민주주의 · · · · · · · · · · · 332
게오르그 빌헬름 프리드리히 헤겔이,
"엘레우시스" 시를 1796년 8월에 휠더린에게 바친다 · · · · · · · · · · 350
혁명 · 360
건전한 혁명 · 368
혁명의 시초 · 372

제1부

동양의 한시漢詩

어머니를 그리워하는 시

김만중

오늘 아침 어머니 그립다는 말 쓰려 하니,
글자도 쓰기 전에 눈물 이미 넘쳐흐르네
몇 번이고 붓을 적셨다가 다시 던져 버렸던가
내 문집에 해남에서 쓴 시는 응당 빠지고 없으리라

思親詩 사친시

　　　　　　　　　　　　　　金萬重

今朝欲寫思親語　　금조욕사사친어
字未成時淚已滋　　자미성시루이자
幾度濡毫還復擲　　기도유호환복척
集中應缺海南詩　　집중응결해남시

장한가 마지막 구절

백낙천

하늘에서는 비익조가 되기를 원하고
땅에서는 연리지가 되기를 원하노니
하늘과 땅이 아무리 장구하다고 하여도 그 끝이 있을진대,
이 사랑의 슬픔은 면면히 이어져 그 끝이 없을 지어이다

長恨歌 終句 장한가 종구

白樂天

在天願作比翼鳥　재천원작비익조
在地願爲連理枝　재지원위연리지
天長地久有時盡　천장지구유시진
此恨綿綿無絶期　차한면면무절기

결혼 60주년을 기념하며

다산 정약용

결혼 후 60년의 세월이 눈 깜짝할 사이에 지났는데,
복사꽃 만발한 봄빛은 결혼하던 때와 같구나
생전에 사별하듯 헤어져 살아 늙음을 재촉하였으나,
슬픔은 짧고 즐거움은 길었으니 임금님의 은혜에 감사하노라
오늘밤 목란사木蘭辭 낭송이 더욱 좋구나
옛날 색 바랜 주단 치마에는 먹으로 쓴 흔적이 남아 있구나
나뉘어졌다가 다시 합하는 게 참으로 나의 운명일지니
표주박 한 쌍을 남겨 자손들에게 물려주노라

回卺詩 회근시

茶山 丁若鏞

六十風輪轉眼翻　　육십풍륜전안번
穠桃春色似新婚　　농도춘색사신혼
生離死別催人老　　생리사별최인로
戚短歡長感主恩　　척단환장감주은
此夜蘭詞聲更好　　차야란사성경호
舊時霞帔墨猶痕　　구시하피묵유흔
剖而復合眞吾象　　부이부합진오상
留取雙瓢付子孫　　류취쌍표부자손

꿈결 속의 짧은 노래 : 아내에게 부치는 시

다산 정약용

하룻밤 새에 천 개의 꽃잎은 날리는데,
꾹꾹거리는 비둘기와 어미 제비 지붕을 맴돌고 있구나
외로운 나그네 돌아가라는 말 없으니,
어느 때나 아내의 침실에서 아름다운 만남을 가지려나
그리워 말아야지
그리워 말아야지
슬픈 꿈속의 아내의 얼굴

如夢令 寄內 여몽령 기내

茶山 丁若鏞

一夜飛花千葉	일야비화천엽
繞屋鳴鳩乳燕	요옥명구유연
孤客未言歸	고객미언귀
幾時翠閨芳宴	기시취규방연
休戀	휴연
休戀	휴연
惆悵夢中顏面	추창몽중안면

유지시

율곡 이이

가녀린 몸매에 긴 머리 늘어뜨리고
사모의 눈길을 던지지만, 거기에 정을 표할 수 없구나
묵묵히 가야금 소리 듣고 있지만,
교합의 꿈은 꾸지 않았다네
네가 성숙한 여인이 되면 응당 명성을 떨치겠지만,
그때 나는 쇠약하여 이미 욕정은 없어졌겠지
절세미인에게 짝지을 배필이 없다니,
영락한 신세가 되면 가련키도 하겠구나

** 40세의 율곡이 16세의 유지柳枝에게 처음 써 준 시

柳枝詞 유지사

栗谷 李珥

弱質垂低鬢	약질수저빈
秋波不肯回	추파불긍회
空聞海濤曲	공한해도곡
未夢雲雨臺	미몽운우대
爾長名應擅	이장명응천
五衰閤已開	오쇠합이개
國香無定主	국향무정주
零落可憐哉	영락가련재

유지시 3수

율곡 이이

하늘이 준 자태 아름답기가 선녀로구나
10년을 서로 알아 마음과 모습에 익숙할진대
이 몸인들 오나라 하통 같은 목석이기야 하겠나마는
쇠약하고 병들어 미인도 사절함일세

슬픔을 머금고 멀리 송별하니 정든 이 같지만,
다만 서로 만나 얼굴로만 친했을 따름이라네
다시 첩을 둔다면 네 생각대로 따라가련만
병든 사내의 정욕은 이미 재처럼 식었노라

아름다운 여인이 길가에 버려지다니 참으로 애석하구나
'운영'은 '배항'을 어느 날에야 만날 수 있으랴
목마름을 달래주던 운영의 시원 달콤한 물과,
사랑을 얻기 위해 찾아 나선 배항의 옥절구가 나에게는 상관없는
것이리니
이별하며 시나 써 주니 부끄럽구나

** 율곡이 유지柳枝에게 써 준 시 3수

柳枝詩 三首 유지시 3수

栗谷 李珥

天姿綽約一仙娥　천자작약일선아
十載相知意態多　십재상지의태다
不是吳兒腸木石　불시오아장목석
只緣衰病謝芬華　지록쇠병사분화

含悽遠送似情人　함처원송사정인
只爲相看面目親　지위상간면목친
更作尹邢從爾念　갱작윤형종이념
病夫心事已灰塵　병부심사이회진

每惜天香棄路傍　매석천향기로방
雲英何日遇裵航　운영하일우배항
瓊漿玉杵非吾事　경장옥저비오사
臨別還慙贈短章　임별환참증단장

유지사

율곡 이이

아! 황해도에 사람 하나 있는데,
맑은 기운 모아, 선녀의 자질을 품고 있구나
생각이나 자태가 아리땁구나
맑고 아름답기도 해라!
그 얼굴색이랑 말솜씨까지
구리기둥 쟁반으로 받은 이슬 같은 해맑음이거늘
어쩌다 길섶에 버려졌는고
봄이 한창이고 꽃이 피어나는데,
황금 집에 옮겨가지 못하노니 슬프구나! 아름다운 그대여!
옛적에 만났을 땐 아직 피지 않은 꽃이었고
정만 맥을 이어 서로 통했어라
중매쟁이의 전령은 가고 없으니
앞날의 계획은 어긋나 허공에 떨어졌구나
이럭저럭 좋은 기약 모두 놓치고서
허리띠 풀 날은 언제이런가
황혼에 이르러서야 이렇게 만나다니
옛 모습은 완연히 그대로구나
그래도 지난 세월 그 얼마였던가

柳枝詞 유지사

栗谷 李珥

若有人兮海之西	약유인혜해지서
鍾淑氣兮禀仙姿	종숙기혜품선자
綽約兮意態	작약혜의태
瑩婉兮色辭	형완혜색사
金莖兮沆瀣	금경혜항해
胡爲委乎路傍	호위위호로방
春半兮花綻	춘반혜화탄
不薦金屋兮哀此國香	불천금옥혜애차국향
昔相見兮未開	석상견혜미개
情脈脈兮相通	정맥맥혜상통
靑鳥去兮蹇脩	청조거혜건수
遠計參差兮墜空	원계참차혜추공
展轉兮愆期	전전혜건기
解佩兮何時	해패혜하시
曰黃昏兮邂逅	왈황혼혜해후
宛平昔之容儀	완평석지용의
曾日月兮幾何	증일월혜기하

슬프도다! 녹엽은 그늘져 버렸고
하물며 나는 더욱 쇠약하여 통정을 할 수 없게 되었으니
온갖 욕정을 마주해서는 마음이 재같이 식었도다
저 아름다운 여인은 곱고 어여쁜데
눈길을 던지며 사모의 정을 표하고 있구나
때마침 황주 땅을 지나가는데
길은 구불구불하고 더디고 멀기만 하구나
내 수레는 절간에서 머물고
강가에서 내 말에 꼴을 먹였네
어찌 알았으랴! 어여쁜 그대, 멀리 쫓아와서
홀연히 밤에 들어와 내 방문 두들길 줄을
먼 들판에 달은 캄캄하고
빈 숲에 범 우는 소리 들리는데,
나를 뒤밟아 온 뜻은 무엇인가
지난날에 잘 대해 주던 말씀을 품어서라네
문을 닫는 건, 인仁을 해치는 일이고
잠자리를 같이 하는 건, 의義를 해치는 일이라서
가로막은 병풍이야 걷어 치워도
자리도 달리 하고 이불도 달리 덮노라
은정을 못 다 풀면 일은 틀어질 것이로소니,
새벽에 이르도록 촛불을 밝히고 밤을 새우는 것이리라
하늘님이야 어이 속이리
깊숙한 방 속까지에도 보고 계실 테니까

悵綠葉兮成陰	창록엽혜성음
矧余衰兮開閤	신여쇠혜개합
對六塵兮灰心	대육진혜회심
彼姝姿兮妧孌	피주자혜완련
秋波回兮睠睠	추파회혜권권
適駕言兮黃岡	적가언혜황강
路逶遲兮遐遠	로위지혜하원
駐余車兮蕭寺	주여거혜소사
秣余馬兮江湄	말여마혜강미
豈料粲者兮遠追	기료찬자혜원추
忽入夜兮扣扉	홀입야혜구비
迥野兮月黑	형야혜월흑
虎嘯兮空林	호소혜공림
履我卽兮何意	리아즉혜하의
懷舊日之德音	회구일지덕음
閉門兮傷仁	폐문혜상인
同寢兮害義	동침혜해의
撤去兮屛障	철거혜병장
異牀兮異被	이상혜이피
恩未畢兮事乖	은미필혜사괴
夜達曙兮明燭	야달서혜명촉
天君兮不欺	천군혜불기
赫臨兮幽室	혁림혜유실

혼인할 좋은 기약 잃어버리고,
어찌 차마 남모르게 사통을 하리오
날이 밝도록 잠 못 이루고,
갈라서자니 정한만 가득 가득
하늘엔 바람 불고 바다엔 물결치고,
노래 한 곡조도 너무 슬프구나
아! 그 본마음은 밝고도 맑아서
가을 강에 차가운 달빛 같구나
마음 속에 싸움이 구름같이 일 적에
그 중에도 색욕이 가장 더러운 것일진대,
선비의 욕정이야 확고히 그릇된 것일테지만,
여인의 욕정은 더욱 그릇된 것이리라
마땅히 보이는 마음을 거두어 근원을 맑게 하고,
밝고 맑은 초심으로 돌아갈지니라
다음 생이 있다는 게 빈말이 아니라면,
장차 부용성에 가서 너를 만나리라

失氷泮之佳期	실빙반지가기
忍相從兮鑽穴	인상종혜찬혈
明發兮不寐	명발혜불매
恨盈盈兮臨歧	한영영혜임기
天風兮海濤	천풍혜해도
歌一曲兮悽悲	가일곡혜처비
繄本心兮皎潔	예본심혜교결
湛秋江之寒月	담추강지한월
心兵起兮如雲	심병기혜여운
最受穢於見色	최수예어견색
士之耽兮固非	사지탐혜고비
女之耽兮尤感	여지탐혜우감
宜收視兮澄源	의수시혜징원
復厥初兮淸明	복궐초혜청명
倘三生兮不虛	당삼생혜불허
逝將遇爾於芙蓉之城	서장우이어부용지성

예안을 지나다가
퇴계 이황 선생을 뵙고 율시 한 수를 올리게 되다

율곡 이이

시냇물은 수수洙水과 사수泗水물결로 갈리고
(퇴계의 학문은 공자의 학통을 이어받은 것이고,)
봉우리는 무이산처럼 빼어나도다
(퇴계의 학문도 주자의 학통을 이어받은 것이도다)
생활을 꾸려가는 것은 천 권의 경전이고,
생활하는 형편은 두세 칸 집뿐이로다
옷깃 속의 품은 뜻이 열리니,
갠 하늘의 밝은 달과 같고,
(퇴계의 모습은 주돈이의 풍모와 같고,)
퇴계선생의 말씀과 웃음은 어지러운 물결을 그치게 하도다
소생이 퇴계선생을 찾아 뵌 뜻은 도道을 듣고 구하려 함이요
반나절의 한가로움을 보내려 온 것이 아니로다

過禮安謁退溪李先生滉仍呈一律
과 예안 알 퇴계 이선생 황 잉정 일률

栗谷 李珥

溪分洙泗波	계분수사파
峯秀武夷山	봉수무이산
活計經千卷	활계경천권
生涯屋數間	생애옥수간
襟懷開霽月	금회개제월
談笑止狂瀾	담소지광란
小子求聞道	소자구문도
非偸半日閒	비투반일한

석천 임억령의 시에 차운하다

율곡 이이

석천 임억령 선생은 역사에 남을 선비이니,
붓을 휘두르면 비바람이 일어나도다
뛰어난 재기와 맑고 참신한
이태백의 준일과 청신의 운치가,
석천께서 지금 한 몸에 합치되어 있으니,
흥이 나 시를 쓰면 백 장의 종이가 소진되어,
잠깐 사이에 시집이 이루어져 책을 만들어 내도다
소생은 재주가 부끄럽기만 하고,
석천이 승당升堂과 입실入室에 이른 경지를 엿볼 수도 없구나
한 자리에서 직접 석천의 가르침을 받게 되니,
같은 시대에 태어난 게 너무도 다행일지어다
내 평생 무릎을 꿇지 않았지만,
오늘 석천 앞에서 무릎을 꿇었네!

次林石川億齡韻 차 임석천 억령 운

栗谷 李珥

石川古遺士	석천고유사
風雨生揮筆	풍우생휘필
俊逸與淸新	준일여청신
公今合爲一	공금합위일
興來百紙盡	흥래백지진
倏忽成卷帙	숙홀성권질
小子才可愧	소자재가괴
不能窺堂室	불능규당실
一席得親炙	일석득친자
何幸同時出	하행동시출
生平不屈膝	생평불굴슬
今日爲公屈	금일위공굴

밤남정에서의 이별 / 정자는 나주 북쪽 오리에 있다

다산 정약용

초가주막 새벽 등불의 푸른 빛 사그라지려 하는데,
일어나 샛별 보니 어찌 헤어질까 참담한 마음이구나
충혈된 눈으로 둘 다 말 없이 바라만 보는데,
억지로 목소리 가다듬으려 하나 울음이 목에 걸리네
흑산도는 저 멀리 아득하고 바다와 하늘이 잇닿아 있는데,
약전 형님은 어찌하여 그 섬 속에 들어가신단 말인가
고래들은 이빨이 산과 같이 커서
배를 삼켰다 다시 돌려보내려 뿜어낸다오
지네의 크기는 쥐엄나무 열매와 같고,
살모사가 몸을 감고 있음은 등나무 덩굴 같다네
내가 장기 고을에 있을 때를 기억해보니,
낮이나 밤이나 강진을 바라보았노라
여섯 날개 죽지를 활짝 펴고 푸른 바다를 건너서,
바다 한가운데서 약전 형님을 만나보고 싶었건만,
이제 나는 유배지를 강진으로 옮겨 큰 나무숲에 이르노니,
반짝이는 진주는 빼앗기고 빈 궤짝만 산 것 같구나
또한 어리석고 어리석은 아이 같이
허망스레 무지개를 잡고자 하였구나

栗亭別亭 在羅州北五里 율정별 정 재라주북오리

茶山 丁若鏞

茅店曉燈靑欲滅	모점효등청욕멸
起視明星慘將別	기시명성참장별
脉脉嘿嘿兩無言	맥맥묵묵량무언
強欲轉喉成嗚咽	강욕전후성오열
黑山超超海連空	흑산초초해련공
君胡爲乎入此中	군호위호입차중
鯨鯢齒如山	경예치여산
呑舟還復噀	탄주환복손
蜈蚣之大如皁莢	오공지대여조협
蝮蛇之糾如藤蔓	복사지규여등만
憶我在鬐邑	억아재기읍
日夜望康津	일야망강진
思張六翮截靑海	사장육핵절청해
于水中央見伊人	우수중앙견이인
今我高遷就喬木	금아고천취교목
如脫明珠買空櫝	여탈명주매공독
又如癡獸兒	우여치애아
妄欲捉虹蜺	망욕착홍예

서쪽 언덕 바로 닿을 듯한 곳에
아침 무지개 분명히 보이나
아이가 무지개를 쫓아가면 무지개는 더욱 멀어져
또 서쪽 언덕에 있고 자꾸만 서쪽에 있구나

西陂一弓地	서파일궁지
分明見朝隮	분명견조제
兒來逐虹虹益遠	아래축홍홍익원
又在西陂西復西	우재서파서부서

퇴계 선생의 죽음을 슬퍼하다

율곡 이이

좋은 옥, 정제된 금처럼 타고난 기품은 순수하시고,
참된 근원은 장재張載와 주자朱熹에서 갈려 나왔도다
백성들은 위 아래로 더불어 살아가고 혜택 입기를 바랐건만,
산림에서 행적을 남기며 홀로 몸을 닦으셨네
호랑이도 떠나고 용도 사라져 사람의 일은 변화되었지만,
물길을 돌리고 길을 여는 편지와 저서가 새롭구나
남쪽 하늘 아득히 저승과 이승이 나누어지니,
서쪽 바다 물가에서 눈물이 마르고 창자가 끊어지는구나

哭退溪先生 곡 퇴계선생

栗谷 李珥

良玉精金稟氣純	양옥정금품기순
眞源分派自關閩	진원분파자관민
民希上下同流澤	민희상하동류택
迹作山林獨善身	적작산림독선신
虎逝龍亡人事變	호서용망인사변
瀾回路闢簡編新	란회로벽간편신
南天渺渺幽明隔	남천묘묘유명격
淚盡腸摧西海濱	루진장최서해빈

자, 술잔을 받게나

이태백

그대는 보지 못하였는가
황하의 강물이 하늘에서 내려와,
세차게 흘러 바다에 이르면 다시는 돌아가지 못하는 것을

그대는 보지 못하였는가
좋은 집에 있어도 밝은 거울 속의 흰머리 슬퍼하게 되고,
젊어 청사 같던 머리가 늙어 눈처럼 흰머리 된 것을

인생은 마음 내킬 때 모름지기 즐겨야 할지니,
황금 술잔을 빈 채로 달을 바라보지 말지어다
하늘이 나의 재능을 낳은 것은 필히 쓸모가 있을 것이오
천금을 다 써버려도 돈이란 돌고 도는 것이오
소 잡고 양 삶아 한바탕 즐겨보세
한 번 마셨다하면 3백 잔은 마셔야 마땅하리라

잠부자 시인이여! 원단구 도사여!
술잔을 건네니 놓지 마시오
그대들과 함께 노래 한 곡 뽑으리니,

將進酒 장진주

李白

君不見　　　　군불견
黃河之水天上來　황하지수천상래
奔流到海不復回　분류도해불복회

君不見　　　　군불견
高堂明鏡悲白髮　고당명경비백발
朝如靑絲暮成雪　조여청사모성설

人生得意須盡歡　인생득의수진환
莫使金樽空對月　막사금준공대월
天生我材必有用　천생아재필유용
千金散盡還復來　천금산진환복래
烹羊宰牛且爲樂　팽양재우차위락
會須一飮三百杯　회수일음삼백배

岑夫子, 丹丘生　잠부자 단구생
進酒 君莫停　　진주 군막정
與君歌一曲　　　여군가일곡

청컨대 그대들 귀 기울여 들어주게나

풍악소리 좋은 안주 귀한 것은 못되지만,
단지 오래 취하여 술 깨지 않기만을 바랄 뿐이오
옛날부터 성현들은 모두 재미없었고,
오로지 술꾼들만 이름을 남기었네
조조의 아들 조식은 옛적에 평락전에서 잔치를 열었는데,
말술에다 만잔 술에다 마음껏 즐겼다네
주인인 내가 어찌하여 돈이 없다 하겠소
당장 술을 사서 그대들 앞에 내놓으리라
다섯 가지 빛을 내는 좋은 말,
천금의 값이 나가는 좋은 옷을
아이 시켜 좋은 술로 바꾸어 오라 할지니,
그대들과 함께 마시며 만고의 시름을 녹여 보세나

請君爲傾耳聽　　청군위경이청

鐘鼓饌玉不足貴　종고찬옥부족귀
但願長醉不用醒　단원장취불용성
古來聖賢皆寂寞　고래성현개적막
惟有飲者留其名　유유음자유기명
陳王昔時宴平樂　진왕석시연평락
斗酒十千恣歡謔　두주십천자환학
主人何爲言少錢　주인하위언소전
徑須沽取對君酌　경수고취대군작

五花馬, 千金裘　　오화마, 천금구
呼兒將出換美酒　호아장출환미주
與爾同銷萬古愁　여이동소만고수

달 아래 홀로 술을 마시다

이태백

하늘이 만약 술을 즐기지 않았다면
하늘에 술을 관장하는 별이 있을 수 없고,
땅이 만약 술을 즐기지 않았다면
땅에 어찌 술이 솟는 샘이 있겠는가
천지가 이미 술을 즐겼으니,
술을 즐기는 것은 하늘을 부끄럽게 하는 것이 아니리라
듣기에 청주는 성인과 같고,
또한 탁주를 현인과 같다 말하노니,
어찌하여 신선을 굳이 추구하겠는가
성현을 이미 다 마신 후에
석 잔 술에 대도에 통달하고,
한 말 술에 자연과 합일되리니,
오로지 취하여 얻는 즐거움을
술을 마시지 않는 자에게는 전하지 말지어다

月下獨酌 월하독작 4수 중 두번째 시

李白

天若不愛酒	천약불애주
酒星不在天	주성부재천
地若不愛酒	지약불애주
地應無酒泉	지응무주천
天地旣愛酒	천지기애주
愛酒不愧天	애주불괴천
已聞淸比聖	이문청비성
復道濁如賢	복도탁여현
賢聖旣已飮	현성기이음
何必求神仙	하필구신선
三盃通大道	삼배통대도
一斗合自然	일두합자연
但得酒中趣	단득주중취
勿爲醒者傳	물위성자전

술잔 잡고 달에게 묻노라

이백, 자 태백, 호 청련거사, 취선옹

언제부터 하늘에 달이 있었나
나 이제 술잔 놓고 달에게 하나 묻겠노라
사람은 밝은 달에 올라 저 달을 잡을 수 없지만,
저 달은 사람을 따라 어디든 좇아가는구나
환한 보름달은 신선의 궁궐로 미끄러지듯 가는데,
푸른 밤안개 스러지니 말갛게 더욱 밝게 빛나네
단지 간밤에 바다 위로 떠오른 달을 보았었는데,
새벽녘에 구름 사이로 잠기어 버린 걸 어찌 알았으랴
흰 토끼는 봄가을 내내 약 방아 찧고 있는데,
상아 선녀는 외로이 살며 누구와 벗을 삼으려나
지금 사람들 옛날의 저 달을 보지 못하였겠지만,
지금 저 달은 일찍이 옛 사람들을 비췄을 것이리라
옛 사람이나 지금 사람이나 인생은 유수와 같지만,
공히 밝은 달 보며 느끼는 바는 모두 한결 같으리라
오직 바라는 바, 바야흐로 술 마시며 노래 부르고자 하노니,
달빛이여, 오래토록 황금 술잔 속까지 비추어라

把酒問月 파주문월

李白

青天有月來幾時	청천유월내기시
我今停杯一問之	아금정배일문지
人攀明月不可得	인반명월불가득
月行却與人相隨	월행각여인상수
皎如飛鏡臨丹闕	교여비경임단궐
綠煙滅盡淸輝發	녹연멸진청휘발
但見宵從海上來	단견소종해상래
寧知曉向雲間沒	영지효향운간몰
白兔擣藥秋復春	백토도약추부춘
姮娥孤棲與誰隣	항아고서여수린
今人不見古時月	금인불견고시월
今月曾經照古人	금월증경조고인
古人今人若流水	고인금인약유수
共看明月皆如此	공간명월개여차
唯願當歌對酒時	유원낭가대수시
月光長照金樽裏	월광장조금준리

화도집음주 20수 중 두번째 시

퇴계 이황

내 하늘 높은 바람을 타고서
곤륜산에서 즐겁게 노닐고 싶구나

구질구질한 속세를 벗어나지 못하였나니,
지금에 이르러 더 말할 것도 없노라

과거에도 백 세대 천 세대가 있었고,
미래에도 억만년의 세월이 있을 것이오

술 취한 가운데 하늘의 진리를 볼 수 있을진대,
어찌 그걸 술 취하지 않은 녀석에게 전하는 것을 걱정하리오

**도연명 문집의 음주 시에 화답하는 20수의 퇴계 시가 있는데,
그 중 두 번째 시

和陶集飲酒 二十首 화도집음주 20수

退溪 李滉

我慾挾天風	아욕협천풍
遨遊崑崙山	오유곤륜산

區區未免俗	구구미면속
至今無足言	지금무족언

前有百千世	전유백천세
後有億萬年	후유억만년

醉中見天眞	취중견천진
那憂醒者傳	나우성자전

도를 깨우친 시

진묵조사

하늘은 이불 삼고, 땅은 담요 삼고, 산은 베개 삼아
달은 촛불 삼고, 구름은 병풍 삼고, 바닷물은 술로 빚어
크게 취하여 거연히 일어나 춤을 추노니
문득 긴 소매가 곤륜산에 걸릴까 염려되는구나!

悟道詩 오도시

震默 祖師

天衾地褥山爲枕　천금지욕산위침
月燭雲屛海作樽　월촉운병해작준
大醉遽然仍起舞　대취거연잉기무
却嫌長袖掛崑崙　각혐장수괘곤륜

대주2

백낙천

달팽이 더듬이 위에서 싸워서 어찌 하자는 건가
이 내 몸도 돌 부딪혀 불꽃 튀는 순간에 지나지 않나니,
부유하면 부유한 대로, 가난하면 가난한 대로 기쁘고 즐겁게 살아야지
입을 열어 웃지 않는다면, 이것이 바보 아니고 무엇인가

對酒 二 대주2

　　　　　　　　　　　　　白樂天

蝸牛角上爭何事　와우각상쟁하사
石火光中寄此身　석화광중기차신
隨富隨貧且歡樂　수부수빈차환락
不開口笑是癡人　불개구소시치인

그렇구나 1

지봉 이수광

이 몸은 부처도 아니고 신선도 아니라오
온 종일 마음에 잠겨서 성현을 대하고 있노라
오직 쇠하고 둔해지며 자력으로 어이 할 수 없음을 한탄하노라
책을 보다 마치지도 못하고 책을 베고 자는구나

卽事 즉사1

芝峯 李晬光

此身非佛亦非仙　차신비불역비선
盡日潛心對聖賢　진일잠심대성현
唯恨衰遲難自力　유안쇠지난자력
看書未了枕書眠　간서미료침서면

그렇구나 2

지봉 이수광

찬비가 열흘 동안 이어 내리고 날이 개이지 않아 괴롭구나
병으로 쓸쓸한 마음 가득한데 청명이 지났구나
산꽃들도 이미 배워 가을을 생각하고 있나니,
봄바람을 맞으면서도 웃고 있지 않구나

卽事 즉사2

芝峯 李晬光

寒雨連旬苦未晴	한우연순고미청
病懷廖落過淸明	병회료락과청명
山花也學又秋思	산화야학우추사
相對春風笑不成	상대춘풍소불성

높은 곳樓臺에 올라

두보

바람은 세차고 하늘은 높고 원숭이는 애처롭게 소리 지르는데,
강물은 맑고 모래는 하얗고 새들이 날아 돌아다니고 있구나
끝없이 펼쳐진 나무숲에선 낙엽이 우수수 지고,
끝을 알 수 없는 양자강은 도도히 흘러가고 있구나
만 리를 떠나온 처량한 가을에는 언제나 유랑하는 나그네 되어,
한 평생 지병을 많이 얻은 몸으로 홀로 누대에 오르노라
가난하고 고단한 삶의 한으로,
귀밑머리는 온통 서리처럼 하얗게 세어버리고 말았구나
이제는 늙고 쇠약해져 새삼 막걸리잔도 들지 못하는구나

登高 등고

杜甫

風急天高猿嘯哀	풍급천고원소애
渚淸沙白鳥飛廻	저청사백조비회
無邊落木蕭蕭下	무변락목소소하
不盡長江滾滾來	부진장강곤곤래
萬里悲秋常作客	만리비추상작객
百年多病獨登臺	백년다병독등대
艱難苦恨繁霜鬢	간난고한번상빈
潦倒新亭濁酒杯	료도신정탁주배

나의 삶

매월당 김시습

나는 어쩌다 사람으로 태어났었네
사람의 도리를 다하진 못하였다네
젊었을 때는 명예와 이익을 쫓아 다녔고,
장년이 되었을 때는 고꾸라져 좌절하였네
조용히 생각해 볼수록 부끄러움이 너무 크구나
일찍이 깨닫지 못한 탓이로다
후회해도 과거를 돌이킬 수는 없을진대,
가슴 치며 깨닫고 보니, 마음이 너무 아프구나
하물며 충성도 효도도 다하지 못 하였거늘,
그 밖에 무엇을 찾아 논하리오
살아서는 하나의 죄인이었고,
죽어서는 주림의 고통을 안고 사는 귀신이 될지어다
다시 헛된 명예가 또 떠오르니,
돌아볼수록 근심과 번민이 깊어지는구나
나 죽은 뒤, 내 무덤에 비명을 남길 때에,
꿈꾸다 죽은 늙은이라 써주시게나
그러면 어느 정도 내 생각을 헤아렸다 할 것이오
천년 뒤에는 내 품은 뜻을 이해할 수 있을 것이외다

我生 아생

梅月堂 金時習

我生旣爲人	아생기위인
胡不盡人道	호불진인도
少歲事名利	소세사명리
壯年行顚倒	장년행전도
靜思縱大恧	정사종대뉵
不能悟於早	불능오어조
後悔難可追	후회난가추
寤擗甚如擣	오벽심여도
況未盡忠孝	황미진충효
此外何求討	차외하구토
生爲一罪人	생위일죄인
死作窮鬼了	사작궁귀료
更復騰虛名	갱부등허명
反顧增憂悶	반고증우민
百歲標余壙	백세표여광
當書夢死老	당서몽사로
庶幾得我心	서기득아심
千載知懷抱	천재지회포

함허화상 게송

함허 화상

삶은 한 조각 뜬구름이 일어나는 것이요
죽음이란 한 조각 뜬구름이 사라지는 것이라
뜬구름이란 본디 텅 빈 것이니,
헛보이는 육신의 삶과 죽음 또한 그와 같은 것이라

涵虛和尙 偈頌 함허화상 게송

涵虛

生也一片浮雲起　생야일편부운기
死也一片浮雲滅　사야일편부운멸
浮雲自體徹底空　부운자체철저공
幻身生滅亦如然　환신생멸역여연

죽음에 대한 태도

승조선사

세상은 원래 주인이 없고,
내 몸 또한 본래 허공의 것이라
흰 칼이 머리에 스치더라도,
오히려 봄바람 베어 내는 것과 같을지니라

臨終偈 임종게

僧肇

四大元無主　　사대원무주
五蘊本來空　　오온본래공
以首臨白刃　　이수임백도
猶如斬春風　　유여참춘풍

가을 새벽에 잠 못 이루다

형암 이덕무

삶의 모든 여정을 반쯤은 어리석음으로 채워가며,
남을 따라 억지로 어울린 것이 부끄럽구나
싫어도 세상을 따라야 하는 일 너무나도 재미없고,
이름을 빛내고자 하나 이루기가 더디구나
혹시나 좋은 친구 만나면 마음을 털어 놓으련만,
명현名賢들 상상하면 모름지기 눈앞에 나타나는 듯하구나
나의 행함과 멈춤을 푸른 하늘에 맡긴 채로,
일이 뜻대로 되지 아니하더라도 순순히 보내드리리라

秋曉不寐 추효불매

炯菴 李德懋

秪把全迂補半癡	지파전우보반치
隨人恥做强淋漓	수인치주강림리
太無滋味推移厭	태무자미추이염
差欲流芳樹立遲	차욕류방수립지
佳友倘逢輸肺腑	가우당봉수폐부
名賢劇想現須眉	명현극상현수미
靑天管領吾行止	청천관령오행지
事到違心順遣之	사도위심순견지

새벽녘에 바라보며

읍취헌 박은

새벽녘에 바라보니 별이 바다에 드리우고,
누각이 높으니 찬바람이 불어오고 있노라
이 몸 밖의 하늘과 땅은 끝없이 펼쳐 있고,
북소리 피리소리 자주 울리고 있노라

산은 안개처럼 아득하게 보이고
지저귀는 새소리에 봄이 이미 왔음을 깨닫도다
숙취에서 깨어나 이제 정신이 멀쩡해지니,
시를 쓰고 싶은 흥취가 부질없이 생겨나는구나

曉望 효망

把翠軒 朴誾

曉望星垂海	효망성수해
樓高寒襲人	루고한습인
乾坤身外大	건곤신외대
鼓角坐來頻	고각좌래빈
遠岫看如霧	원수간여무
喧禽覺已春	훤금각이춘
宿醒應自解	숙성응자해
詩興漫相因	시흥만상인

시냇물 만 리 흘러

읍취헌 박은

눈 녹아 봄 여울에 물이 불어나고
까마귀는 저문 산에 걸친 구름을 쫓아가네
술에서 깨어나니 맑은 풍경이 펼쳐지는구나
새롭게 시를 쓰며 또다시 임을 생각하노라

萬里 만리

挹翠軒 朴誾

雪添春澗水	설첨춘간수
鳥趁暮山雲	오진모산운
淸境渾醒醉	청경혼성취
新詩更憶君	신시갱억군

도를 깨우친 시

작자미상

종일토록 봄을 찾아도 봄을 얻지 못하고,
짚신 닳도록 구름 덮인 고개 마루까지 헤맸노라
집으로 돌아오다 때마침 매화 아래를 지나노니,
봄은 매화가지 꼭대기에 이미 와 있는 것을!

悟道詩 오도시

작자미상

盡日尋春不得春　진일심춘불득춘
芒鞋踏遍隴頭雲　망혜답편농두운
歸來適過梅花下　귀래적과매화하
春在枝頭已十分　춘재지두이십분

평양 대동강에 배를 띄우다

형암 이덕무

영명사 절간에 복숭아꽃 날리고,
부벽루 앞강에는 강물 점점 밀려들고 있노라
그림 같은 배 총총히 지나가고 옷 그림자 어른거리니,
어슴푸레한 거리에 누런 달뜨고 절반쯤 취해 돌아오노라

平壤大同江泛舟 평양대동강범주

炯菴 李德懋

永明寺裏桃花飛	영명사리도화비
浮碧樓前水漸肥	부벽루전수점비
畵舫悤悤衣影纈	화방총총의영힐
澹黃街月半醺歸	담황가월반훈귀

봄밤에 내리는 기쁜 비

두보

좋은 비는 때를 알아서
봄비 되어 내리네

바람 따라 밤에 스며와
소리 없이 고루고루 만물을 적시네

들판 길은 구름 끼여 어두운데,
나룻배의 등불은 밝게 비치네

새벽에 붉게 물든 곳을 바라보니,
금관성에 꽃이 무더기로 피었구나

春夜喜雨 춘야희우

杜甫

好雨知時節	호우지시절
當春乃發生	당춘내발생
隨風潛入夜	수풍잠입야
潤物細無聲	윤물세무성
野徑雲俱黑	야경운구흑
江船火燭明	강선화촉명
曉看紅濕處	효간홍습처
花重錦官城	화중금관성

비의 빛깔

김만중

비 빛이 엷게 숲에 비치니,
꽃가지는 고향의 뜰 같구나
멀리서 어머니 계시는 집 아련한데,
원추리는 몇 포기나 새로 자랐나
해 기우니 산새가 지저귀고,
봄 그늘지니 들판의 물이 어두워지는구나
밭 가는 노래 제각기 즐기는데,
멀리 떠나온 나그네 넋 나가기 쉽구나

雨色 우색

金萬重

雨色映林薄	우색영림박
花枝似故園	화지사고원
遙憐北堂下	요련북당하
新長幾叢萱	신장기총훤
景昃山禽喚	경측산금환
春陰野水昏	춘음야수혼
耕歌各自樂	경가각자락
遠客易消魂	원객이소혼

세검정에서 지은 홍원 채이숙의 시에 화답하다

다산 정약용

관모와 패찰을 벗어버리고 스스로 조정에서 퇴정하여
북쪽 교외에 있는 샘 바위 길을 늦은 시간에 거니노라
봄이 지나 짙은 녹음은 오솔길을 온통 덮고 있고,
어젯밤 비에 시냇물이 불어 다리가 반쯤 잠겨 있구나
외떨어진 절간의 연기에 묻혀 산은 흐릿해 보이고,
높은 산 세찬 바람에 정자의 난간이 흔들거리노라
그대들은 서로 즐거이 어두울 무렵까지 취한 후에야
저녁 나무꾼을 뒤따라 재빠르게 말 타고 돌아왔으리라

옛날에 임금의 행차가 거둥으로 지나갔던 곳에
기이한 바위를 베개 삼아 물길이 감돌아 흐르노라
어둠 속에 처마의 낙숫물은 샘구멍으로 통하고
살랑대는 시원한 바람은 나무 끝가지에 걸려 있노라
좋은 시절에는 많은 사람들 검은 머리카락 날리며
한낮에도 화려한 누각에 앉아 있었노라
노래와 악기를 어쭙잖게 속일 생각일랑 하지 말게나
숲과 언덕에는 밤나무가 오래도록 지켜보고 있느니라

和 蔡邇叔 弘遠 洗劍亭之作 화 채이숙 홍원 세검정지작

茶山 丁若鏞

冠佩委蛇自退朝	관패위사자퇴조
北郊泉石晚逍遙	북교천석만소요
經春草色全埋逕	경춘초색전매경
宿雨溪痕半浸橋	숙우계흔반침교
孤寺煙沈山淡淡	고사연침산담담
高林風度檻搖搖	고림풍도함요요
諸君恰受蕾騰醉	제군흡수몽등취
歸騎翩翩趁夕樵	귀기편편진석초

鑾輿舊經幸	난여구경행
奇石枕回流	기석침회류
暗溜通泉眼	암류통천안
微凉在樹頭	미량재수두
淸時多黑髮	청시다흑발
白日坐朱樓	백일좌주루
莫謾思歌管	막만사가관
林丘有栗留	임구유율류

세검정기

다산 정약용

　세검정의 뛰어난 경치는 소나기가 내려 폭포를 이룰 때 보아야 올바로 보는 것이다. 그러나 비가 막 내릴 즈음에는, 사람들이 기꺼이 말안장을 적시면서 한양성 관문 밖의 교외로 나가려 하지 아니한다. 비가 갠 뒤에야 또한 성문을 나서면 산골짜기의 물은 이미 줄어들고 만다. 이 때문에 세검정은 우거지고 푸른 숲 사이 가까운 곳에 있음에도 한양성 안에 있는 사대부로서 세검정의 뛰어난 경치를 제대로 즐긴 사람이 드물다.

　신해년 1791년, 정조15년 여름에, 나는 한혜보韓傒甫등 여러 사람들과 더불어, 명례방明禮坊에 모여, 술잔을 이미 기울이고 있었다. 아주 무더운 열기가 찌는 듯 하더니 먹구름이 갑자기 사방에서 일어나고, 하늘에서 천둥소리가 은은하게 울려오기 시작하였다.

　나는 술병을 차고 자리에서 벌떡 일어나 말하기를,

　"이는 폭우가 쏟아질 징조이다. 제군들은 세검정에 가보지 않겠는가? 만일 가지 않겠다는 사람이 있으면, 벌주 열 병을 한꺼번에 주겠다." 하였다.

　모두 말하길,

　"아주 좋은 말씀이로세." 하였다.

　따라서 마부를 불러서 재촉하여 밖으로 나왔다. 창의문彰義門을 나서는데, 벌써 비가 서너 방울 떨어지더니, 주먹만한 크기였다. 말을 질주하게 하여 세검정 정자 아래에 도착하였다.

洗劒亭記 세검정기

茶山 丁若鏞

洗劒亭之勝세검정지승

唯急雨觀瀑布是已유급우관폭포시이

然方雨也연방우야

人莫肯沾濕鞴馬而出郊關之外 인막긍점습비마이출교관지외

旣霽也기제야 山水亦已衰少산수역이쇠소

是故亭在莽蒼之間시고정재망창지간

而城中士大夫之能盡亭之勝者鮮矣이성중사대부지능진정지승자선의

辛亥之夏신해지하 余與韓侯甫諸人여여한혜보제인

小集于明禮坊소집우명례방 酒旣行 주기행

酷熱蒸鬱혹열증울 墨雲突然四起묵운돌연사기

空雷隱隱作聲 공뢰은은작성

余蹶然擊壺而起曰여궐연격호이기왈

此暴雨之象也차폭우지상야

諸君豈欲往洗劒亭乎제군개욕왕세검정호

有不肯者罰酒十壺유불긍자벌주십호

以供具一番也이공구일번야

僉曰첨왈 可勝言哉가승언재

遂趣騎從以出수촉기종이출 出彰義門출창의문

雨數三點已落우수삼점이락 落如拳大락여권대

疾馳到亭下질치도정하

수문 좌우의 산골짜기 사이로 이미 암수의 고래가 물을 뿜어대는듯 물줄기가 솟구치고 옷소매도 또한 점점 젖어들게 되었다.

정자에 올라 나란히 자리를 잡고 앉으니, 난간 앞의 수목은 이미 미친듯 쓰러질 듯이 흔들리고 있었고, 차가운 계곡물의 한기가 뼛속으로 스며들었다. 이때 비바람이 크게 몰아치고, 산골짜기에서는 물이 사납게 쏟아져 내려와, 잠깐 숨 쉬는 사이에 계곡을 메워 넘실대고, 물결치는 소리가 굉장하였다. 모래가 쓸려 내려오고 돌이 구르면서 물이 솟구치고 날뛰며 정자의 초석을 때리고 있었다.

그 기세는 웅장하고 소리는 맹렬하여 정자의 서까래와 난간이 진동하니 오들오들 떨려 편안히 있을 수가 없었다.

내가 말하기를,

"어떻소?"

하니, 모두 말하기를,

"이루 말할 수 없이 좋다."

하였다. 술과 안주를 내오도록 하고, 익살스런 농담을 나누며 즐겼다.

잠시 후, 비가 그치고 구름도 걷히니, 산골짜기 물도 점차 평온해졌다. 석양이 나무에 걸치니 붉으락푸르락 온갖 모습을 띠었다. 서로 베고 기대고 누워서 시를 읊조렸다. 한참 있다가 심화오沈華五가 이 사실을 듣고서 뒤쫓아 정자에 왔으나, 물은 이미 잠잠해진 뒤였다. 처음에 심화오는 명례방에서 우리들과 함께 만났으나 세검정에는 오지 않았기에, 여러 사람들이 함께 그를 조롱하고 매도하였다. 그와 더불어 다시 술 한 순배씩을 돌려 마신 후에 돌아왔다.

이때 홍약여洪約汝, 이휘조李輝祖, 윤무구尹无咎도 함께 있었다.

水門左右山谷之間수문좌우산곡지간
已如鯨鯢噴矣이여경예분의
而衣袖亦斑斑이의수역반반
然登亭列席而坐연등정열석이좌
檻前樹木함전수목 已拂拂如顚狂이불불여전광
而洒浙徹骨이선절철골 於是어시
風雨大作풍우대작 山水暴至산수폭지
呼吸之頃호흡지경 塡谿咽谷전계열곡
澎湃硏訇팽배팽굉 淘沙轉石도사전석
渤潏奔放발휼분방 水掠亭礎수략정초
勢雄聲猛세웅성맹 榱檻震動최함진동
凛乎其不能安也름호기불능안야
余曰何如여왈하여 僉曰可勝言哉첨왈가승언재
命酒進饌명주진찬 諧謔迭作해학질작
少焉소언 雨歇雲收우헐운수 山水漸平산수점평
夕陽在樹석양재수 紫綠萬狀자록만상
相與枕藉吟弄而臥상여침자음롱이와
有頃沈華五유경심화오 得聞此事득문차사
追至亭추지정 水已平矣수이평의
始華五邀而不至시화오요이부지
諸人共嘲罵之제인공조매지
與之飮一巡而還여지음일순이환
時洪約汝시홍약여·李輝祖이휘조·尹无咎윤무구
亦偕焉역해언

세검정에서 노닐다

다산 정약용

두 낭떠러지가 바닥으로 합해져 있지 않으면,
많은 골짜기에 냇물이 어찌 온전히 흐를 수 있겠는가
단지 장마가 계속되어 시름에 겹다는 까닭으로
북한산성을 나와 노닐 거리를 만들었네
날리는 물방울에 비탈진 반석이 차가와지고,
푸른 그늘 아래 엎드린 정자의 난간이 그윽하구나
처마 머리에 군왕의 기운이 서리어 있는데,
임금님의 서한이 세검정의 명성을 제압하노라

층층이 올려진 산성의 샛길이 어렴풋이 보이는데,
하루 종일 냇가의 정자에는 속세의 사람도 드물구나
바위는 푸른 물에 잠기고 온갖 나무는 물기에 젖어 있고,
물소리는 요란하여 몇몇 봉우리 위를 날고 있구나
그늘 가득한 시냇가 골짜기에 한가로이 말을 매어 두고,
발을 내린 난간의 어깻죽지에 시원하게 옷을 걸어 두노라
단지 멍 때리고 정자에 오래토록 앉아 있기에 좋으니,
시가 이루어져도 곧 돌아가겠노라고 말하지 않으리라

游洗劍亭 유세검정

茶山 丁若鏞

不有雙厓合　불유쌍애합
那專衆壑流　나전중학류
祗緣愁雨久　지연수우구
故作出城游　고작출성유
飛沫盤陀冷　비말반타랭
蒼陰伏檻幽　창음복함유
楣頭有御氣　미두유어기
宸翰鎭名樓　신한진명루

層城複道入依微　층성복도입의미
盡日溪亭俗物稀　진일계정속물희
石翠淋漓千樹濕　석취임리천수습
水聲撩亂數峯飛　수성료란수봉비
陰陰澗壑閒維馬　음음간학한유마
拍拍簾櫳好挂衣　박박염롱호괘이
但可嗒然成久坐　단가탑연성구좌
不教詩就便言歸　불교시취변언귀

해오라기 한 마리 / 도중에 잠시 개다

연암 박지원

해오라기 한 마리 버드나무 뿌리를 밟고
물속에 서 있노라
산허리는 짙푸르고 하늘빛은 어두워지고 있는데,
무수한 해오라기들 허공을 돌며 날고 있구나
선머슴 소를 타고 시냇물 거슬러 건너는데,
시내 저 너머로 갑자기 새색시 무지개 떠오르네

一鷺 /道中乍晴 일로 / 도중사청

燕巖 朴趾源

一鷺踏柳根	일로답유근
一鷺立水中	일로입수중
山腹深靑天黑色	산복심청천흑색
無數白鷺飛翻空	무수백로비번공
頑童騎牛亂溪水	완동기우란계수
隔溪飛上美人虹	격계비상미인홍

시를 재촉하는 비

율곡 이이

구름이 푸른 산을 에워싸 반쯤 삼켰다 뱉더니,
갑자기 빗방울 흩날려 서남쪽을 씻어 주네
시 짓고픈 마음을 어느 때에 가장 재촉한다고 보는가
연잎 위에 물방울 두세 개 구를 무렵이라네

催詩雨 최시우

栗谷 李珥

雲鎖靑山半吐含　　운쇄청산반토함
驀然飛雨灑西南　　맥연비우쇄서남
何時最見催詩意　　하시최견최시의
荷上明珠走兩三　　하상명주주양삼

여름날 배를 띄워 진 대인의 물가 정자로 건너가다

맹호연

물가의 정자 아주 시원하겠구나
한가롭게 노 저어 저녁 무렵에야 정자에 이르렀노라
골짜기 물에 비친 칡덩굴과 대나무 보며,
마름과 연꽃 향기 못 위에서 맡고 있노라
들에서 일하는 아이는 술에 취해 비틀거리는 노인을 부축하고,
산새들은 흥겹도록 즐겁게 노래 부르네
그윽한 정경을 다 둘러보고 읊조리지도 못하였건만,
저녁놀이 곧바로 어스름에 잠기니 어찌할까나

夏日浮舟過陳大水亭 하일부주과진대수정

孟浩然

水亭凉氣多	수정양기다
閑棹晚來過	한도만래과
澗影見藤竹	간영견등죽
潭香聞芰荷	담향문기하
野童扶醉舞	야동부취무
山鳥笑酣歌	산조소감가
幽賞未云遍	유상미운편
煙光奈夕何	연광내석하

애련설

주렴계

물속이나 뭍에서 자라는 초목의 꽃은 사랑할만한 것이 매우 많노라
진나라 도연명은 유독 국화를 사랑하였고,
이씨 왕조 당나라 때부터
세상 사람들은 모란꽃을 매우 사랑하였노라
나는 유독 연꽃을 사랑하노니,
연꽃은 진흙에서 나왔지만 더러움에 물들지 않고,
맑고 잔잔한 물결에 빛나는 자태를 보이나 요염하지 않으며,
줄기는 속이 비어 있고 밖으로 곧게 자라고,
넝쿨도 뻗지 않고 가지도 치지 않으며,
향기는 멀어질수록 더욱더 맑아지며,
꼿꼿하고 청초하게 서 있어서
멀리서도 관조할만 하노니,
굳이 가까이서 더럽히며 완상할 일 없노라
내가 말하건대, 국화는 은일의 꽃이요,
모란은 부귀의 꽃이라고 하면,
연꽃은 군자의 꽃이리라
오호라! 국화를 사랑함에는 도연명 이후에 들어본 일이 거의 없는데,
연꽃을 사랑함에는 나만한 사람이 얼마나 될까나?
모란을 사랑하는 사람은 당연히 많을 것이리라

愛蓮說 애련설

周濂溪

水陸草木之花	수륙초목지화
可愛者甚蕃	가애자심번,
晉陶淵明 獨愛菊	진도연명 독애국
自李唐來 世人	자이당래 세인
甚愛牡丹	심애목단
予獨愛蓮之出於泥而不染	여독애련지출어 니이불염,
濯淸漣而不妖	탁청련이불요,
中通外直	중통외직,
不蔓不枝 香遠益淸	불만불지, 향원익청,
亭亭淸植 可遠觀	정정청식 가원관,
而不可褻玩焉	이불가설완언
予謂菊花之隱逸者也	여위국화지은일자야,
牡丹花之富貴者也	목단화지부귀자야,
蓮花之君子者也	연화지군자자야
噫 菊之愛陶後鮮聞	희 국지애도후선유문,
蓮之愛 同予者何人	연지애 동여자하인
牡丹之愛 宜乎衆矣	목단지애 의호중의

상양궁

김만중

매비梅妃의 한 평생은 서러워라
울면서 꽃다운 시절 보내노니 누구를 위한 것인가
앵무새 훨훨 나는 것이 부럽다고 혼잣말로 되뇌는구나
일없이 시름에 젖나니 궁만을 지키고 있어야 한다는 걸 알고 있음이랴
부용 잎사귀에 가을 무서리 내리는데,
하한루 속에 있는 새벽 물시계 더디구나
물 다 건너던 수레 소리가 못다 꾼 꿈속에 들리는데,
깜짝 놀라 깨니 밝은 달빛만 비단휘장에 파고드네

上陽宮 상양궁

金萬重

上陽宮女一生悲	상양궁녀일생비
泣送芳年問爲誰	읍송방년문위수
獨語每猜鸚鵡洩	독어매시앵무예
閒愁唯許守宮知	한수유허수궁지
芙蓉葉上秋霜薄	부용엽상추상박
河漢樓中曉漏遲	하한루중효루지
度盡車音殘夢裏	도진거음잔몽리
却驚明月入羅帷	각경명월입라유

북한산에서 돌아오는 길에 세검정에 이르러, 제멋대로 육언시를 짓다

다산 정약용

산행하던 나그네 깊은 골짜기에서 나오는데,
냇물 위에 날개 펼친 듯 정자가 서 있구나
비가 지나간 비탈진 반석은 씻기어 깨끗하고,
바람이 불어 텅 빈 퉁소 소리 마냥 싸늘하구나
산성 근처의 절간은 오히려 속세에 머물고,
인간 세상의 단풍은 오히려 더욱더 푸르구나
티끌 먼지 속으로 내 몸이 들어가게 되노라면,
노을 휘장 구름 병풍이라도 애달파 할 것인가

自北韓回至洗劍亭 戲爲六言 자북한회지세검정 희위육언

茶山 丁若鏞

客行出自幽谷	객행출자유곡
溪上翼然有亭	계상익연유정
雨過盤陀濯濯	우과반타탁탁
風吹虛籟冷冷	풍취허뢰냉냉
近城僧院猶俗	근성승원유속
下界丹楓尙靑	하계단풍상청
若使塵埃裏至	약사진애리지
可憐霞帳雲屛	가련하장운병

소사 여관 벽에 적다

초정 박제가

갈림길은 하늘에 맞닿아 끝없이 이어지고,
집을 나선지 사흘에 다시 강가에 이르렀구나
호남의 산과 강은 단풍이 들어가고 있고,
가을 동산 숲은 뚜렷하게 싸늘해지고 있구나
머무는 여관의 별빛이 저녁 밥상에 비치고,
날아오르는 기러기 그림자가 새벽 말안장에 지노라
사나이 발길 내딛는 대로 정처 없이 노닐고 다니는데,
다만 세월이 이 여정을 가로막을까 두렵구나

題素沙店壁 제소사점벽

楚亭 朴齊家

岐路連天不可端	기로연천불가단
出門三日又江干	출문삼일우강간
湖南山水綿綿色	호남산수면면색
秋季園林歷歷寒	추계원림역역한
宿處星光侵夜飯	숙처성광침야반
起來鴻影落晨鞍	기래홍영낙신안
男兒儘是遊無定	남아진시유무정
秖恐如斯歲月闌	지공여사세월란

가을 등불 아래 소낙비 내리다

형암 이덕무

서늘한 밤에 그림자를 돌아보며 등잔 심지 돋우는데,
도검과 천문에 관한 책들이 서가에 가득 꽂혀 있구나
작은 배 바다에 띄울 생각이 문득 떠오르는데,
가을 서재가 홀연히 빗소리 가운데 뜨는구나

秋燈急雨七絶 추등급우칠절

炯菴 李德懋

涼宵顧影剔燈紅　양소고영척등홍
劍錄星經插架充　검록성경삽가충
頓有扁舟浮海想　돈유편주부해상
秋齋忽泛雨聲中　추재홀범우성중

시골집

초정 박제가

밭 사이로 냇물이 납작하게 흐르고,
송사리가 말발굽 패인 곳에 숨어드노라
잠자리가 빙빙 돌아 나닐고,
기러기 또한 날아들고 있노라
갈림길에서 마음은 머뭇거리는데,
깊은 근심은 술에 취해 흐려지는 것 같구나
누추한 작은 집에 밤이 깃들고,
서녘으로 기우는 초승달 우두커니 바라보노라

田舍 전사

楚亭 朴齊家

片白田間水	편백전간수
針魚匿馬蹄	침어익마제
蜻蜓還邁邁	청정환매매
鴻雁亦棲棲	홍안역서서
岐路心猶豫	기로심유예
幽憂醉似泥	유우취사니
瓜牛廬畔夕	과우려반석
人在月弦西	인재월현서

산에서 살다

퇴계 이황

도산서당에서 바라다보는 가을 풍광을 누구와 함께 즐길거나
석양이 단풍 숲에 내리비치니 그림보다 빼어나구나
갑작스레 하늬바람이 일고 기러기 지나가는데,
옛 친구는 편지를 보내오려나 말려나

山居 산거 16수 중 11번째 시

退溪 李滉

秋堂眺望與誰娛	추당조망여수오
夕照楓林勝畫圖	석조풍림승화도
忽有西風吹雁過	홀유서풍취안과
故人書信寄來無	고인서신기래무

산 속에서

율곡 이이

약초를 캐다가 홀연히 길을 잃었는데,
수많은 봉우리에 가을 단풍 그득하구나
스님이 물길 따라 산사로 돌아가는데,
지팡이 끝으로 가리키는 곳에
차 달이는 연기가 피어오르고 있구나

山中 산중

栗谷 李珥

採藥忽迷路	채약홀미로
千峯秋葉裏	천봉추엽리
山僧汲水歸	산승급수귀
杖末茶煙起	장말다연기

이택지의 시에 차운하여

읍취헌 박은

국화에 달빛이 내리비치어
맑고 깨끗한 정취는 스스로 바르지 않음이 없어라
밤새도록 잠을 이룰 수 없노라니,
시를 풀어낼까 하는 상념이 많도다

次李擇之韻 차이택지운

挹翠軒 朴誾

菊花渾被月　　국화혼피월
淸純自無邪　　청순자무사
終夜不能寐　　종야불능매
解添詩課多　　해첨시과다

"서울에 있었던 옛 친구의 농장을, 고개 넘어 방문하여,
두보의 시에 차운하여 시를 짓다"의 5수 중 세 번째 詩

초정 박제가

가을에 이르러 술 집 인심이 십분 너그러워져
바닷가에서 만나 몇 날이나 즐겁구나
기운이 소진하여 풍환馮驩처럼 둘이 함께 칼집을 두드리고,
굴원屈原처럼 높이 솟은 절운관을 머리에 쓰노라
조맹부趙孟頫의 빈풍도 그림 속에 노란 국화는 시들었고,
남극성 서남쪽에 있는 별 옆으로 하얀 이슬 차갑구나
초가집 푸른 등불에 정취가 빼어나게 흐르니,
어찌 주머니 속 습작시를 꺼내 밤이 깊도록 읽어 보지 않겠는가

踰一罔有京中故人農庄 相訪作次杜
유일망유경중고인농장 상방작차두 5수 중 세 번째 詩

楚亭 朴齊家

秋來飮戶十分寬	추래음호십분관
海上萍逢幾日歡	해상평봉기일환
落拓共彈明月鋏	낙척공탄명월협
崔嵬猶戴切雲冠	최외유대절운관
豳風畵裏黃花老	빈풍화리황화로
農丈星邊白露寒	농장성변백로한
蔀屋靑燈情轉勝	부옥청등정전승
奚囊詩草夜深看	해낭시초야심간

서울의 임시거처에서 화분의 매화와 주고받다

퇴계 이황

갑자기 매화 신선의 덕분으로 나의 외로움을 함께 나누게 되니,
나그네의 거처는 산뜻해지고, 꿈속의 영혼까지 향기로 그득한데,
그대와 함께 고향으로 떠나지 못하는 것이 한스럽구나
서울의 먼지 속에서라도 아름다움을 고이 간직하고 있게나

漢城寓舍盆梅贈答 한성우사 분매증답

退溪 李滉

頓荷梅仙伴我凉　돈하매선반아량
客窓蕭灑夢魂香　객창소쇄몽혼향
東歸恨未攜君去　동귀한미휴군거
京洛塵中好艷藏　경락진중호염장

주련시

봄이 도악道嶽에 깊어 모든 나무에 꽃이 피고,
봉황대 위에 피어오른 산안개는 개고 있노라
달이 두승산에 떠오르고 밤은 깊어가고 있구나
서리와 눈이 많이 내려 소나무 줄기도 얼어붙고,
금학루琴鶴樓앞에 북소리가 해질녘에 울리는데,
저녁놀이 사그라져도 대나무 같은 마음은 맑아지노라

柱聯詩 고부 군자정의 기둥에 쓰여 있는 주련시

春深道嶽華千樹　　춘심도악화천수
鳳凰臺上晴嵐色　　봉황대상청남색
月出斗峰夜二更　　월출두봉야이경
霜雪飽經松骨冷　　상설포경송골냉
琴鶴樓前暮鼓聲　　금학루전모고성
煙霞掃盡竹心淸　　연하소진죽심청

오동나무는 천년이 지나도 그 곡조를 간직하고

상촌 신흠

오동나무는 천년이 지나도 그 곡조를 간직하고
매화는 일생을 추위 속에 살아도 그 향기를 팔지 않으며
달은 천 번 이지러져도 그 본질은 변하지 않고
버드나무 가지는 백번 꺾여도 새 가지가 돋나니

桐千年老恒藏曲 동천년노항장곡

象村 申欽

桐千年老恒藏曲	동천년노항장곡
梅一生寒不賣香	매일생한불매향
月到千虧餘本質	월도천휴여본질
柳經百別又新枝	유경백별우신지

몹시도 춥구나

연암 박지원

북악은 깎아지른 듯 높고,
남산의 소나무는 검푸르도다
송골매가 지나가니 숲나무들 엄숙하고,
두루미 울음소리에 하늘이 시리도록 파랗도다

極寒 극한

燕巖 朴趾源

北岳高戌削　　북악고술삭
南山松黑色　　남산송흑색
隼過林木肅　　준과림목숙
鶴鳴昊天碧　　학명호천벽

사슴 울타리

왕마힐

텅 빈 산에 사람은 보이지 않는데,
어디선가 사람의 말소리만 들리는구나
햇살이 깊은 숲속으로 들이비치는데,
다시 푸른 이끼에 비추니 그 이끼 더욱 푸르구나

鹿柴 녹채

王摩詰

空山不見人	공산불견인
但聞人語響	단문인어향
返景入深林	반경입심림
復照靑苔上	부조청태상

산에서 노닐다

화담 서경덕

몸은 하늘 가운데서 노닐고 있고,
천천히 내딛는 발길에는 안개와 구름이 밟히는구나
신선의 학문을 찾을 필요가 없고,
마음이 한가로우니 하루가 일 년에 이르는구나

遊山 유산

　　　　　　　　　　　花潭 徐敬德

身遊在半天　　신유재반천
平步躡雲烟　　평보섭운연
不用求仙學　　불용구선학
心閒日抵年　　심한일저년

금강산 산행하러 떠나는 사람을 송별하다

성호 이익

옛날에 금강산 오른 걸 생각하니 50년이 흘렀구나
오늘에 이르러도 깎아지른 봉우리 가슴 속에 펼쳐 있노라
비로봉 우뚝 솟아올라 하늘을 떠받치는 기둥을 이루노니,
세상 어지러운 날에는 장차 내 몸뚱이도 맡길 것이리라

送人入金剛 송인입금강

星湖 李瀷

念昔登臨五十春　염석등림오십춘
至今胸海有嶙峋　지금흉해유린순
毗盧屹作擎天柱　비로흘작경천주
世亂吾將託此身　세란오장탁차신

압록강을 건너 용만성을 돌아보다

연암 박지원

외로운 성곽은 손바닥 만하고 빗발은 어지러운데,
갈대와 억새는 아득히 이어지고 변방의 해는 저물고 있구나
먼 길 나선 말 울음소리 계속 쌍나팔 불어대고,
고향 산은 점점 희미해지고 만 겹 구름 속에 감싸여 있구나
의주의 군인과 아전들은 모래톱에서 돌아가고,
압록강의 새와 물고기도 물가에서 이별하고 있구나
고국에서 보내올 편지도 이제 끊어질 것이리니,
고개 돌려 끝없는 저 벌판으로 감히 발길 내딛지 못하겠구나

渡鴨綠江回望龍灣城 도압록강회망용만성

燕巖 朴趾源

孤城如掌雨紛紛	고성여장우분분
蘆荻茫茫塞日矄	노적망망새일훈
征馬嘶連雙吹角	정마시련쌍취각
鄕山渲入萬重雲	향산선입만중운
龍彎軍吏沙頭返	용만군리사두반
鴨綠禽魚水際分	압록금어수제분
家國音書從此斷	가국음서종차단
不堪回首入無垠	불감회수입무은

망양정

아계 이산해

바다를 베개 삼아 위태로이 서있는 정자를 바라보니 눈앞이 탁 트이고,
정자에 올라와 있으니 가슴 속이 확 씻기는 것 같구나
긴 바람이 불고 저녁달이 떠오르니,
황금 궁궐이 옥거울 속에 영롱하게 비치노라

望洋亭 망양정

鵝溪 李山海

枕海危亭望眼通　　침해위정망안통
登臨猶足盪心胸　　등임유족탕심흉
長風吹上黃昏月　　장풍취상황혼월
金闕瑛瓏玉鏡中　　금궐영롱옥경중

망양정에 올라 달을 바라보노라

매월당 김시습

십리 모래밭에서 큰 바다를 바라보노라
바다와 하늘이 드넓고 아득한데, 달은 푸르구나
금강산은 바로 지척인데, 속세와는 너무나 떨어져 있구나
사람은 물 위에 뜬 마름 한 잎에 붙어 있노라

登望洋亭看月 등망양정간월

梅月堂 金時習

十里沙平望大洋　십리사평망대양
海天遙闊月蒼蒼　해천요활월창창
蓬山正與塵衰隔　봉산정여진쇠격
人在浮菱一葉傍　인재부릉일엽방

숙종대왕 어제시

줄지은 겹겹의 골짜기들이 구불구불 잇닿아 열리고,
놀란 파도는 큰 물결을 이루어 하늘에 닿아 떨어지노라
만약 이 바다를 바꾸어 술로 빚을 수 있다면,
어찌 단지 삼백 잔만 기울이겠느뇨

肅宗大王 御製詩 숙종대왕 어제시

列壑重重逶迤開	열학중중위타개
驚濤巨浪接天來	경도거랑접천래
如將此海變成酒	여장차해변성주
奚但只傾三百盃	해단지경삼백배

정조대왕 어제시

태양이 푸른 하늘에서 바다에 내리비치니,
그 누가 이 망양정을 알아 볼 수 있겠는가
눈을 크게 뜨고 보니 마치 공자의 집같이 보이는구나
종묘와 궁궐의 담장도 뚜렷하게 구별되고 있구나

正祖大王 御製詩 정조대왕 어제시

元氣蒼茫放海溟　원기창망방해명
誰人辯此望洋亭　수인변차망양정
恰如縱目宣尼宅　흡여종목선니택
宗廟宮墻歷歷經　종묘궁장력력경

물러나 머물고 있는 계곡

퇴계 이황

관직에서 물러나니 우둔한 분수에 편안하기는 한데,
배움이 퇴보하니 늘그막에 걱정되는 것도 있구나
이제사 계곡 위에 기거할 곳을 정하노니,
시냇물 소리 들으며 날마다 성찰하며 지내노라

退溪 퇴계

退溪 李滉

身退安愚分	신퇴안우분
學退憂暮境	학퇴우모경
溪上始定居	계상시정거
臨流日有省	임류일유성

아미산에 올라

익재 이제현

어슴푸레 구름이 땅 위에서 피어오르고,
빛나던 태양은 산허리로 에돌아 지는구나
모든 것들이 태허太虛의 어둠 속으로 돌아가니,
끝없는 하늘은 스스로 적멸의 고요 속에 잠겨 있구나

登峨眉山 등아미산

　　　　　　　　　　　　　　　　益齋 李齊賢

蒼雲浮地面	창운부지면
白日轉山腰	백일전산요
萬象歸無極	만상귀무극
長空自寂寥	장공자적요

흥취가 일어

성호 이익

한 구비 굽어져 들어간 첨성리 마을에서
번잡한 마음 베어 없애 버렸노라
날이 화창하니 벌들이 꿀을 모으고,
바람이 고요하니 새들은 편안히 살고 있구나
오래된 일들은 큰 나무에 걸리어 있고,
새로운 지식은 서양 책에서 얻고 있노라
우연히 지팡이 짚고 밖으로 나와서
눈길 닿는 끝까지 벌판을 바라보노라

寓興 우흥

星湖 李瀷

一曲星湖社	일곡성호사
煩心已劍除	번심이검제
日和蜂養蜜	일화봉양밀
風靜鳥安居	풍정조안거
舊事留喬木	구사류교목
新知得異書	신지득이서
偶然扶杖出	우연부장출
極目看郊墟	극목간교허

신선이 자고 있는 집

성호 이익

온갖 가지로 헐뜯거나 아부하는 일들이 신선에게는 도달하지 않으리라
맑게 갠 날에 마루에서 한가로이 걱정거리 없이 단잠을 자노라
지상에서 비상하는 신선의 방술을 상상하노니,
자유로이 신선이 되어 천상의 음악을 들으며 노니노라

睡仙堂 수선당

星湖 李瀷

毁譽紛紛不到仙	훼예분분부도선
晴軒無事日甘眠	청헌무사일감면
商量平地飛昇術	상량평지비승술
自有神遊廣樂天	자유신유광락천

부채에 그림을 그려 넣고 시를 적다

성호 이익

신선이 사는 옥청玉淸, 상청上淸, 태청太淸에서의 소식은 아득하고,
소나무 뿌리 턱에 앉아 쉬노라니 고요가 감싸고 있구나
학이 구름 속에서 울음을 터뜨리는 하나의 소리 들리더니,
꽃과 구슬로 엮은 신선의 궁전에서 날아 내리고 있구나

題畵扇 제화선

星湖 李瀷

消息三淸遠	소식삼청원
松根憩寂然	송근게적연
一聲雲鶴唳	일성운학려
飛下蘂珠天	비하예주천

맹자의 등문공滕文公편 대장부

맹자

천하의 큰 지평 위에서 살고,
천하의 바른 위치에 서며,
천하의 큰 법도를 행한다.

뜻을 얻으면 백성과 함께 이를 행하며,
뜻을 얻지 못하면 홀로 그 법도를 행한다.

부귀를 가지더라도 음탕하지 아니하고,
빈천하게 되더라도 줏대 없이 굴지 않으며,
권력의 위협에도 굴복하지 아니한다.

이를 가리켜 대장부라 한다.

大丈夫

孟子

居天下之廣居　　거 천하지광거
立天下之正位　　입 천하지정위
行天下之大道　　행 천하지대도

得志與民由之　　득지 여민유지
不得志獨行其道　불득지 독행기도

富貴不能淫　　부귀 불능음
貧賤不能移　　빈천 불능이
威武不能屈　　위무 불능굴

此之謂大丈夫　　차지 위대장부

명심보감 성심편明心寶鑑 省心篇 의 장원시

나라가 정의로우면 하늘의 마음도 순하게 되고,
관리가 청렴하면 백성이 저절로 편안해진다
아내가 현명하면 남편이 입을 재앙이 적어지고,
자식이 효성스러우면 아버지의 마음이 너그러워진다

壯元詩 장원시

國正天心順	국정천심순
官淸民自安	관청민자안
妻賢夫禍少	처현부화소
子孝父心寬	자효부심관

필명시

완풍대군 이원계

삼한을 이어받은 나의 조국, 고려! 이 몸 둘 곳이 어디리오
이 몸 죽어 지하에서 태백泰伯, 중옹仲雍을 따라 노닐고자 하노라
성계 동생아! 같은 핏줄이라도 처신을 달리한다고 이르지 말아 다오
형만荊蠻 땅으로 떠날 바다에 뗏목 띄울 일 없을지어다

畢命詩 필명시

完豊大君 李元桂

三韓故國身何在	삼한고국신하재
地下願從伯仲遊	지하원종백중유
同處休云裁處異	동처휴운재처리
荊蠻不必海桴浮	형만불필해부부

화성장대 친열성조 유시 제우미상

정조

내가 직접 화성에서의 열병식을 서장대에서 사열하고,
시를 지어 처마 위에다 쓰노라

융릉의 수호, 그것도 중요하지만
경비와 노역을 허비하지 않도록 하여라

화성은 평지를 따라 멀리 둘러 있고,
장대는 먼 하늘 따라 높이 솟아 있노라

화성의 장벽은 규모가 웅장하고,
3군의 병사들 사기도 왕성하구나

한 고조의 대풍가를 한번 불러보나니,
붉은 해가 용포에 반짝이고 있노라

華城將臺 親閱城操 有詩 題于楣上
화성장대 친열성조 유시 제우미상

正祖

拱護斯爲重 經營不費勞　　공호사위중 경영불비노
城從平地逈 臺倚遠天高　　성종평지형 대의원천고
萬垛規模壯 三軍意氣豪　　만타규모장 삼군의기호
大風歌一奏 紅日在鱗袍　　대풍가일주 홍일재린포

서울-이 또한 할아버지의 명을 받들어 지은 것이다 경인년 1650년

반계 유형원

하늘이 아름다운 연꽃 같은 삼각산을 열었으니,
천년동안 신령께서 우리나라에 수도 서울을 두었도다
궁궐의 구름은 그윽하고 엄숙하기 그지없으며,
궁궐 속 원림은 맑은 봄날에 울창하기 그지없도다
번화한 거리에 내려진 주렴과 장막에는 향긋한 바람이 일고,
집집마다 풍악의 울림소리 풍성하게 이어지도다
본원 찾아 성인께서 창업한 나라는 영원할지니,
아름답고 즐거운 태평성대 백성과 함께 누리리라

京都 - 此亦承王父命制 庚寅 경도 - 차역승왕부명제 경인

磻溪 柳馨遠

天開三角玉芙蓉	천개삼각옥부용
千載神京鎭海東	천재신경진해동
魏闕雲深嚴肅肅	위궐운심엄숙숙
上林春霽鬱葱葱	상림춘제울총총
九街簾幕香風動	구가렴막향풍동
萬戶歌鐘殷響通	만호가종은향통
始覺聖人基業遠	시각성인기업원
太平嘉樂與民同	태평가락여민동

금강산

반계 유형원

방장산 봉래산은 중국 영토에서 떨어져 있노라
봉래산에 올라 몇 천 년 머물 것을 어찌 기약하리
하늘이 우리들에게 바다 동쪽에서 태어나게 하심은
신선의 봉래산에서 열심히 노닐게 하는 요청이리라

金剛山 금강산

磻溪 柳馨遠

方丈蓬萊隔九州	방장봉래격구주
安期留舃幾千秋	안기유석기천추
天敎我輩生東海	천교아배생동해
要着仙山汗漫遊	요착선산한만유

부안에 도착하여

반계 유형원

은둔할 남쪽 땅에 와서
몸소 논 갈며 물가에 사노라
창을 열면 어부의 피리 울리고,
베개에 누우면 노 젓는 소리 들리노라
이별의 포구는 모두 바다로 통하는데,
먼 산은 반쯤 구름 속으로 들고 있노라
모래밭 갈매기도 놀라 날지 않으니,
앞으로 너희들과 함께 노닐리라

到扶安 도부안

磻溪 柳馨遠

避地來南國	피지래남국
躬耕傍水垠	궁경방수은
開窓漁篴響	개창어적향
欹枕櫓聲聞	기침노성문
別浦皆通海	별포개통해
遙山半入雲	요산반입운
沙鷗莫驚起	사구막경기
將與爾爲羣	장여이위군

동진강 들판의 주막에서, 나그네의 소회

반계 유형원

들판은 넓고 하늘은 아득하나니,
긴 동진강은 바다로 흘러 들어가노라
하늘 끝에서 기러기 날아오나니,
애끊는 마음은 향수에 젖는구나

東津野店客懷 동진야점객회

磻溪 柳馨遠

廣野兼天遠	광야겸천원
長川入海流	장천입해류
天涯有來雁	천애유래안
凄斷動鄕愁	처단동향수

안산을 걸어가면서

지봉 이수광

10년간 외유하다가 다시 한양에 들어가노라
하늘이 노인네에게 평생 동안 넉넉하게 유람하게 하였네
새로운 시는 뛰어난 화가의 그림보다 낫나니,
시 구절 속의 산천에는 모두 소리가 들어 있구나

鞍山途中 안산도중

芝峯 李晬光

十載遊蹤再帝城　십재유종재제성
天教老眼富平生　천교노안부평생
新詩也勝良工畫　신시야승양공화
句裏山川總有聲　구리산천총유성

여름날의 유흥

다산 정약용

창의문 앞에는 돌로 다듬은 통행 길이 뚫려 있고,
삼각산 아름다운 봉우리는 하늘에 가운데 꽂혀 있구나
시냇물은 돌아 흘러 마음을 맑아지게 하고 있고,
높다란 버드나무에 바람은 계속 불어 얼굴을 씻어 주노라
고명한 선비들은 모의謀議 자리를 열어 거사擧事를 결정하였나니
인조 임금은 여기에서 칼을 씻은 영웅호걸을 회상하노라
지금은 장독이 달아오르고 도롱뇽이 이웃하고 있는데,
대나무는 낮은 처마를 가로막고 커다란 해가 붉게 타노라

夏日遺興 八首 中 第一首 하일유흥 8수 중 제1수

茶山 丁若鏞

彰義門前石逕通　창의문전석경통
華峯三角揷天中　화봉삼각삽천중
回谿不斷澄心水　회계부단징심수
高柳長吹拂面風　고류장취불면풍
名士開筵關氣象　명사개연관기상
寧王洗劍想豪雄　영왕세검상호웅
如今瘴熱鰕夷界　여금장열하이계
竹壓筳檐海日紅　죽압좌담해일홍

흰 갈매기

녹두장군 전봉준

스스로 모래 터전에서 뜻을 얻기 위해 노닐며,
눈처럼 하얀 날개, 수척한 다리, 홀로 맑고 곧도다
쓸쓸히 찬비가 내리면 시나브로 꿈결에 들고,
어부가 돌아간 다음에야 뒷언덕에 오른다
수많은 조약돌들 처음 보는 것도 아닐 텐데,
얼마나 풍상을 겪었던지 이미 흰머리가 되었도다
비록 번거로이 쪼아 삼키더라도, 분수를 넘지 아니하노니,
강과 호수의 물고기들아, 깊이 근심하지 말지어다

**전봉준 장군이 13세 때 지은 시

白鷗 백구

綠豆將軍 全琫準

自在沙鄕得意遊	자재사향득의유
雪翔瘦脚獨淸秋	설상수각독청추
蕭蕭寒雨來時夢	소소한우래시몽
往往漁人去後邱	왕왕어인거후구
許多水石非生面	허다수석비생면
閱幾風霜已白頭	열기풍상이백두
飮啄雖煩無過分	음탁수번무과분
江湖魚族莫深愁	강호어족막심수

복령사

읍취헌 박은

절은 신라 시대에 생겨 오래되었고,
모신 천 불상은 모두 인도에서 왔도다
옛적에 황제黃帝도 대외大隗 찾아가다 길을 잃었고,
지금의 복 받은 이 땅도 천태산과 같도다
봄날은 흐려 비올 듯하고 새들은 서로 속삭이는데,
늙은 나무는 뜻을 잃어 바람이 절로 애달프구나
모든 일들은 한번 웃음거리도 되지 못할진대,
청산에서 바라보니 세상은 먼지로 떠있도다

福靈寺 복령사

挹翠軒 朴誾

伽藍却是新羅舊　가람각시신라구
千佛皆從西竺來　천불개종서축래
終古神人迷大隗　종고신인미대외
至今福地似天台　지금복지사천태
春陰欲雨鳥相語　춘음욕우조상어
老樹無情風自哀　노수무정풍자애
萬事不堪供一笑　만사불감공일소
靑山閱世只浮埃　청산열세지부애

홀로 앉아 긴 탄식을 하며

읍취헌 박은

근심거리가 나에게만 주어진 일이로되,
마음은 오히려 누구를 관용하려 하느뇨
터럭을 날리는 바람소리 가을의 찬 기운을 일으키고,
쓸쓸한 비바람은 새벽의 추위를 만들어 내는구나
모든 일이 잘 될진대 맘껏 취함을 마다하랴
십년 동안 후회의 실마리는 변변찮은 벼슬을 지낸 바이로다
호수와 산을 누비던 꿈에서 갑자기 깨어보니,
여전히 티끌만 의관에 가득 쌓여 있구나

獨坐長歎 독좌장탄

挹翠軒 朴誾

憂患秖應關己事	우환지응관기사
心懷尙欲爲誰寬	심회상욕위수관
鬢毛颯颯生秋氣	빈모삽삽생추기
風雨淒淒作曉寒	충우처처작효한
萬事可能辭爛醉	만사가능사란취
十年端悔做微官	십년단회주미관
遽然罷却湖山夢	거연파각호산몽
依舊塵埃自滿冠	의구진애자만관

촉상

두보

촉나라 정승, 제갈량諸葛亮의 사당을 어디서 찾을게나
금관성 밖 측백나무 우거진 곳에 있노라
섬돌을 덮고 있는 푸른 풀은 저절로 봄빛 되었고,
잎사귀 사이 꾀꼬리는 부질없이 곱게 우는구나
세 번이나 찾아가 천하를 평정할 방책을 물었을 때,
두 왕조를 열어 도움을 준 것은 늙은 신하의 충심이라
군사軍師가 출동하여 이기기도 전에 제갈량이 먼저 죽었나니,
오래도록 영웅들로 하여금 옷섶에 눈물 가득지게 하노라

蜀相 촉상

杜甫

丞相祠堂何處尋	승상사당하처심
錦官城外柏森森	금관성외백삼삼
映階碧草自春色	영계벽초자춘색
隔葉黃鸝空好音	격엽황리공호음
三顧頻煩天下計	삼고빈번천하계
兩朝開濟老臣心	양조개제노신심
出師未捷身先死	출사미첩신선사
長使英雄淚滿襟	장사영웅루만금

제갈량의 팔진도

두보

제갈량의 업적은 촉·오·위 삼국을 덮고 있고,
그의 명성은 팔진도 전법戰法에 남아 있노라
강물은 흐르되 팔진도를 축조築造한 돌들은 구르지 않는데,
유비가 오나라를 친 실책을 돌아보면 한탄스럽구나

八陣圖 팔진도

　　　　　　　　　　　　杜甫

功蓋三分國　　공개삼분국
名成八陣圖　　명성팔진도
江流石不轉　　강류석부전
遺恨失吞吳　　유한실탄오

삼리시

다산 정약용

1. 용산의 아전

아전 놈들 용산 마을에 들이닥쳐서
소를 찾아내 원님에게 넘겨주네
소 몰고 멀리 멀리 사라지는 걸
집집마다 대문에 기대어 보고만 있구나
사또님 노여움만 막으려 하니,
미천한 백성의 고통을 그 누가 알아주랴
유월에 쌀을 찾아내라 하니,
고달프기가 변방의 병영살이보다 더 심하다오
조세감면의 임금님 말씀 끝끝내 오지 않고,
만백성이 쓰러져 서로 베개 삼아 죽어가네
가난하게 사는 삶 참으로 서글프노니,
죽은 자가 오히려 팔자 편하리라
며느리는 홀몸 되어 남편도 없고,
시아비는 다 늙도록 손자도 없구나
눈물이 그렁그렁 끌려가는 소를 바라보며 우노라니
눈물이 흘러내려 속옷까지 젖게 되노라,

三吏詩 삼리시

　　　　　　　　　　　茶山 丁若鏞

1. 龍山吏 용산리

吏打龍山村	이타용산촌
搜牛付官人	수우부관인
驅牛遠遠去	구우원원거
家家倚門看	가가의문간
勉塞官長怒	면색관장노
誰知細民苦	수지세민고
六月索稻米	유월색도미
毒痛甚征戍	독부심정술
德音竟不至	덕음경부지
萬命相枕死	만명상침사
窮生儘可哀	궁생진가애
死者寧哿矣	사자녕가의
婦寡無良人	부과무양인
翁老無兒孫	옹노무아손
泫然望牛泣	현연망우읍
落淚沾衣裙	낙루점의군

동네 형편이 이토록 찌들었건만
아전 놈은 버티고 앉아서 왜 돌아가지 않고 있나
쌀독도 바닥난 지 이미 오래 되었는데,
무슨 수로 저녁밥을 지어낼 수 있다는 건가
앉은 채로 산 목숨 끊어 버릴 판이니
온 동네 이웃들도 모두 함께 목 메어 울고 있네
소 잡아 포를 떠서 세도가에 바치면,
아전들의 능력이 그것으로 판가름 난다네

2. 파지의 아전

아전이 파지의 큰 동네에 들이닥쳐,
시끄럽게 지껄이는 게 군대 점호하는 것 같구나
돌림병에 귀신 되고 기근까지 겹쳐서 굶어 죽고,
마을 농막에는 농사지을 장정이 없도다
고아와 과부를 다그쳐 결박하여,
채찍으로 등짝을 후려치며 앞서서 가게 하네
몰아대며 꾸짖음이 개와 닭처럼 대하는 것과 같고,
거리를 꽉 메운 행렬이 읍내까지 줄지어 있네
그 중에 가난한 선비 하나 있었는데,
야위었고 약골이었으나 영리하고 의협심은 최고였네
하느님을 부르며 죄 없음을 소청하였고,

村色劇疲衰	촌색극피쇠
吏坐胡不歸	리좌호불귀
瓶甖久已罄	병앵구이경
何能有夕炊	하능유석취
坐令生理絶	좌령생리절
四隣同鳴咽	사린동명인
脯牛歸朱門	포우귀주문
才諝以甄別	재서이견별

2. 波池吏 파지리

吏打波池坊	이타파지방
喧呼如點兵	훤호여점병
疫鬼雜餓莩	역귀잡아표
村墅無農丁	촌서무농정
催聲縛孤寡	최성박고과
鞭背使前行	편배사전행
驅叱如犬鷄	구질여견계
彌亘薄縣城	미긍박현성
中有一貧士	중유일빈사
瘠弱最伶俜	척약최영빙
號天訴無辜	호천소무고

슬프고 원통함에도 미처 못 한 말이 있었다오
감히 가슴 속의 참마음을 풀어내지 아니하고,
다만 눈물만 하염없이 흘리고 있노라
아전이 버럭 화를 내며 "야이 새끼야!"라고 말하고서,
욕지거리 하며 뭇 사람들을 두렵게 하는구나
높은 나뭇가지에 거꾸로 매다니,
상투 머리가 나무 뿌리에 닿았다네
"송사리 새끼가 무서운 줄도 모르고 뻗대다니,
감히 네 놈이 상부의 명령을 거역해?
글줄이나 읽었으면 마땅히 의리를 깨달아 알았을텐데,
임금의 세금은 임금이 계시는 한양에 보내드려야 할 게 아니냐?
네 놈에게 6월 말일까지 말미를 준 것은
네 놈을 생각해 준 은혜가 결코 가볍지 않거늘,
저 큰 배가 포구에 머물고 있는 게
네 놈 눈엔 어찌 보이지 않는다는 게냐?"
그 위세를 세움이 지금 아니면 언제 다시 하리오
지휘권은 호장戶長, 이방吏房, 수형리首刑吏에 있는 것을!

3. 해남의 아전

나그네가 해남 땅에서 와서
겁나는 길 피해 왔노라고 하네

哀怨有餘聲	애원유여성
未敢敍衷臆	미감서충억
但見涕縱橫	단견체종횡
吏怒謂其頑	이노위기완
僇辱怵衆情	륙욕출중정
倒懸高樹枝	도현고수지
髮與樹根平	발여수근평
鰍生瞀不畏	추생민불외
敢爾逆上營	감이역상영
讀書會知義	독서회지의
王稅輸王京	왕세수왕경
饒爾到季夏	요이도계하
念爾恩非輕	염이은비경
峩舸滯浦口	아가체포구
爾眼胡不明	이안호불명
立威更何時	입위갱하시
指揮有公兄	지휘유공형

3. 海南吏 해남리

客從海南來	객종해남래
爲言避畏途	위언피외도

한참을 앉았어도 헐떡이는 숨 가누지 못하고,
두려움과 떨림이 아직도 남아 있네
승냥이와 이리를 만난 게 아니라면,
바로 이것은 오랑캐를 만난 것이렷다
조세 독촉하러 아전들 마을로 나와
동남쪽 모퉁이에서 마구 때려 부순다오
신관 사또의 명령은 더욱 엄해
정해진 기한을 넘길 수 없다고 하네
주교사舟橋司의 만 섬 싣는 배가
정월달에 서울에서 떠났다는데,
이 배를 지체시키면 반드시 파직된다오
전례가 있으니 경계할 일이라네
온 마을 사람들 구슬피 통곡하는데도,
만 섬 배 사공들은 느긋하기만 하구나
나는 지금 사나운 호랑이를 피해 왔으나,
고향을 떠나온 이 신세는 그 누가 구휼할 것인가
그렁그렁한 두 눈에 눈물이 쏟아지고,
그 울부짖음이 길게 퍼지고 있노라

坐久喘未定	좌구천미정
怖惵猶有餘	포겁유유여
若非値豺狼	약비치시랑
定是遭羌胡	정시조강호
催租吏出村	최조이출촌
亂打東南隅	난타동남우
新官令益嚴	신관령익엄
程限不得踰	정한부득유
橋司萬斛船	교사만곡선
正月離王都	정월이왕도
滯船必黜官	체선불출관
鑑戒在前車	감계재전거
嗷嗷百家哭	오오백가곡
可以媚櫂夫	가이미도부
吾今避猛虎	오금피맹호
誰復恤枯魚	수복휼고어
泫然雙淚垂	현연쌍루수
條然一嘯舒	조연일소서

거시기를 잘라내는 슬픔이여

다산 정약용

갈밭마을 젊은 아낙, 울음소리 멈추지 않네
관아 문 향해 통곡하다 하늘 보고 울부짖네
출정 나간 지아비 돌아오지 못한다는 일은 있었으나,
사내가 거시기 잘랐단 소리는 들어본 적 없네
시아버지 초상으로 상복입고, 갓난아인 배냇물도 씻기지 않았는데,
이 집 삼대 이름 군적에 모두 올라 있다오
부질없는 말이나 관아에 하소연 하러 가도
문지기는 호랑이처럼 지키고 있고,
이장은 으르렁대며 외양간 소마저 끌고 갔다네
칼을 갈아 방에 들어가더니 방석에 피가 흥건하네
이런 액운을 만나 스스로 한탄하노니 "아이 낳은 죄로구나!"
어떠한 죄가 있다고 궁형의 벌을 받게 되는가
'민' 땅에 태어난 자식의 거세도 진실로 또한 슬픈 것이거늘,
자식을 낳고 사는 이치는 하늘이 준 것이요
하늘을 닮아 사내 되고 땅을 닮아 계집 되는 것이라
거세한 말과 거세한 돼지도 오히려 슬프다 말할만한데
하물며 백성이 후손 이을 것을 생각함에 있어서랴!
부잣집들 일 년 내내 풍악 소리 요란한데,
한 톨 쌀, 한 치 베 내다바치는 일 없네
똑같은 백성인데 어찌 그리 극단으로 차별되는가
객창에서 공평함을 위해 시경의 시구 편을 거듭 읊노라

哀絶陽 애절양

茶山 丁若鏞

蘆田少婦哭聲長	노전소부곡성장
哭向縣門號穹蒼	곡향현문호궁창
夫征不復尙可有	부정불복상가유
自古未聞男絶陽	자고미문남절양
舅喪已縞兒未澡	구상이호아미조
三代名簽在軍保	삼대명첨재군보
薄言往愬虎守閽	박언왕소호수혼
里正咆哮牛去皁	이정포효우거조
磨刀入房血滿席	마도입방혈만석
自恨生兒遭窘厄	자한생아조군액
蠶室淫刑豈有辜	잠실음형기유고
閩囝去勢良亦慽	민건거세양역척
生生之理天所予	생생지리천소여
乾道成男坤道女	건도성남곤도여
騸馬豶豕猶云悲	선마분시유운비
況乃生民思繼序	황내생민사계서
豪家終世奏管弦	호가종세주관현
粒米寸帛無所捐	립미촌백무소연
均吾赤子何厚薄	균오적자하후박
客窓重誦鳲鳩篇	객창중송시구편

굶주리는 백성들

다산 정약용

1

인생은 풀과 나무와 같아서,
물이랑 흙이랑 살아간다네
부지런히 일하여 땅위의 것을 먹고 사나니,
콩과 조를 먹고 사는 게 마땅하건만,
콩과 조는 주옥 같이 귀하니,
영양과 혈기가 어찌 잘 이루어지겠는가
야윈 목은 고니처럼 늘어지고,
병든 육신은 닭살처럼 주름져 있구나
우물을 두고도 새벽에 물을 긷지 않고,
땔감을 두고도 저녁에 밥을 짓지 않네
팔과 다리는 그런대로 움직이지만,
걸음은 제대로 걷지 못한다네
빈 들판에 슬픈 바람이 많이 불어오는데,
구슬피 우는 기러기 저녁에 어디로 가나
고을 사또 어진 정사 베풀어
사재까지 덜어내 백성을 구휼한다기에,

飢民詩 기민시

茶山 丁若鏞

一

人生若艸木	인생약초목
水土延其支	수토연기지
俛焉食地毛	면언식지모
菽粟乃其宜	숙속내기의
菽粟如珠玉	숙속여주옥
榮衛何由滋	영위하유자
槁項纐鵠形	고항부곡형
病肉緣雞皮	병육추계피
有井不晨汲	유정불신급
有薪不夜炊	유신불야취
四肢雖得運	사지수득운
行步不自持	행보부자지
曠野多悲風	광야다비풍
哀鴻暮何之	애홍모하지
縣官行仁政	현관행인정
賑恤云捐私	진휼운연사

줄지어 관아 문에 이르렀고,
입을 벌름거리며 죽 끓이는 가마솥 앞에 다가가는데,
개돼지도 버리고 돌아보지 않을 것을
사람이 엿처럼 달게 먹어야 하다니,
어진 정치 베풀기 바라지 않고
사재까지 덜어내 구제하는 것도 바라지 않소
관아의 재물 상자 남이 몰래 볼까 꺼리니
어찌 우리가 굶주리지 않을 수 있나
관아의 마구간에 사또의 애마는 살찌니,
진실은 우리들의 살가죽으로 이루어진 것이오
통곡하며 관아 문을 나서지만,
어지럼이 핑돌아 갈림길조차 모르겠구나
잠깐 누런 잔디 언덕으로 가서
무릎을 펴고서 우는 아기 달래보다가
고개 숙여 서캐와 이를 잡고 있자니,
그렁그렁한 두 눈에서 눈물이 쏟아지누나

2

아득하고 크나큰 조화의 이치를
옛날이나 지금이나 누가 알리오
많고 많은 백성들 태어나지만,

行行至縣門	항항지현문
喁喁就湯糜	옹옹취탕미
狗彘棄不顧	구체기불고
乃人甘如飴	내인감여이
亦不願行仁	역불원행인
亦不願捐貲	역불원연자
官篋惡人窺	관협오인규
豈非我所贏	기비아소리
官廐愛馬肥	관구애마비
實爲我膚肌	실위아부기
哀號出縣門	애호출현문
眩旋迷路歧	현선미로기
暫就黃莎岸	잠취황사안
舒膝挽啼兒	서슬만제아
低頭捕蟣蝨	저두포기슬
汪然雙淚垂	왕연쌍루수

二

悠悠大化理	유유대화리
今古有誰知	금고유수지
林林生蒸民	임림생증민

초췌한 몸에 온갖 병통 끌어안고,
말라서 굶어 죽고 허약하여 떨쳐 일어나지 못하고,
거리마다 만나느니 유랑민들뿐이구나
오라는 곳 없이 이고 지고 다니는데,
끝내 어디로 가야 할지 알 수가 없구나
부모 자식 간에도 서로 지켜주지 못하니,
재앙을 당하여 하늘의 도리도 해치고 있구나
큰 농사꾼도 거지가 되어,
문 두드리며 서투른 말솜씨로 구걸을 하네
가난한 집 들르면 도리어 하소연 듣고,
부잣집에선 일부러 늑장을 피우네
새가 아니어서 벌레를 쪼아 먹을 수도 없고,
물고기가 아니어서 연못에서 헤엄치지도 못하는구나
얼굴빛은 누렇게 떠서 처참한 꼴이고,
머리칼은 뒤엉킨 실타래처럼 헝클어졌구나
성현께서 어진 정치 베풀었을 땐,
홀아비와 과부를 불쌍히 여기라고 하였다는데,
홀아비와 과부가 정녕 부러워라
굶어도 자기 한 몸 굶을 따름이니,
딸린 식구가 없다면야
어찌 온갖 근심에 마주칠 리 있으랴
봄바람이 단비 끌어오자
풀과 나무가 무성하게 자라고,

憔悴含瘡痍	초췌함창이
槁莩弱不振	고표약부진
道塗逢流離	도도봉유리
負戴靡所聘	부대미소빙
不知竟何之	부지경하지
骨肉且莫保	골육차막보
迫厄傷天彝	박액상천이
上農爲丐子	상농위개자
叩門拙言辭	고문졸언사
貧家反訴哀	빈가반소애
富家故自遲	부가고자지
非鳥莫啄蟲	비조막탁충
非魚莫泳池	비어막영지
顔色慘浮黃	안색참부황
鬢髮如亂絲	빈발여난사
聖賢施仁政	성현시인정
常言鰥寡悲	상언환과비
鰥寡眞足羨	환과진족선
飢亦是己飢	기역시기기
令無家室累	영무가실루
豈有逢百罹	기유봉백리
春風引好雨	춘풍인호우
艸木發榮滋	초목발영자

천지에 삶의 의지가 가득 차니,
진대법을 실행할 때가 바로 이때이려니,
엄숙한 조정의 똑똑한 신하들이여
나라의 안위가 경제에 달려 있나니,
도탄에 빠진 이 백성들을
구제할 사람은 그대들이 아니면 누가 있겠는가

3

누런 얼굴은 푸석하여 생기도 없고,
가을도 오기 전에 시든 버드나무 꼴이네
몸은 구부러져 제대로 걷지도 못하고,
담벼락 부여잡고 겨우 움직이네
부모 자식 사이에도 돌보지 못하는데,
길거리 남들을 어찌 슬퍼할 겨를이 있으랴
생계 탓에 어진 본성을 잃게 되어
약하고 병든 이를 보고도 웃고 떠드네
이리저리 고을을 돌아다녀 보는데,
마을 풍속이 본디 이러하였으랴
부러워라! 저 들판의 참새들은
마른 가지에 앉아 벌레를 쪼는구나
높은 벼슬아치 집에는 술이랑 고기도 많고,

生意藹天地　　생의애천지
賑貸此其時　　진대차기시
肅肅廊廟賢　　숙숙낭묘현
經濟仗安危　　경제장안위
生靈在塗炭　　생령재도탄
拯拔非公誰　　증발비공수

三

黃馘索無光　　황혁삭무광
枯柳先秋萎　　고유선추위
傴僂不成步　　구루불성보
循墻強扶持　　순장강부지
骨肉不相保　　골육불상보
行路那足悲　　행로나족비
生理梏天仁　　생리곡천인
談笑見尩羸　　담소견왕리
宛轉之四鄰　　완전지사린
里俗本如斯　　이속본여시
羨彼野田雀　　선피야전작
啄蟲坐枯枝　　탁충좌고지
朱門多酒肉　　주문다주육

이름난 기생을 맞이해 풍악을 울리며,
태평세월을 만난 듯 흥겹게 즐기면서도,
대감님들의 근엄한 자세를 취하는구나
간사한 백성들은 거짓말을 서슴지 않고,
물정 모르는 선비만 시절 걱정을 많이 하는구나
"오곡이 흙처럼 지천에 널렸건만
농사에 게을러 스스로 가난하게 되었다고 하고,
빽빽한 숲나무들처럼 그 많은 백성들을
요 임금도 순 임금도 고루 베풀기 어렵다고 하네
하늘에서 곡식이 비처럼 내리지 않는다면야
어떻게 이 흉년을 구제한단 말이냐고"
잠시 술 한 병이나 기울여 마시니,
나부끼는 깃발에 봄날은 어지러이 가는구나
산골짝 구렁에는 묻힐 땅 아직 있나니,
사람은 누구나 한 번 죽을 뿐이지
비록 들보리가 있다 하여도,
대궐에 바칠 필요가 없도다
형제간에도 서로 돌보지 않거늘,
부모인들 어찌 자애를 베풀겠느냐

絲管邀名姬	사관요명희
熙熙太平象	희희태평상
儼儼廊廟姿	엄엄낭묘자
奸民好詐言	간민호사언
迂儒多憂時	우유다우시
五穀且如土	오곡차여토
惰農自乏貲	타농자핍자
林蔥何其繁	임총하기번
堯舜病博施	요순병박시
不有天雨粟	불유천우속
何以救歲飢	하이구세기
且復倒一壺	차부도일호
曲旃春迷離	곡전춘미리
溝壑有餘地	구학유여지
一死人所期	일사인소기
雖有烏昧草	수유오매초
不必獻丹墀	불필헌단지
兄長不相憐	형장불상련
父母安施慈	부모안시자

암행어사 임명을 받고, 적성촌 객사에 이르러 시를 짓다

다산 정약용

시냇가에 허물어진 집은 밥그릇처럼 엎어져있고,
북풍에 이엉이 걷어져 서까래만 들쭉날쭉하다
묵은 재에 눈 덮여 아궁이는 냉기가 가득하고,
무너진 벽 사이를 뚫고 비치는 별빛은 눈 안에 가득하다
집 안에 있는 물건들 몹시도 허름하고 낡아서,
모조리 다 팔아도 칠팔 푼이 안 된다네
삽살개 꼬리 같은 조 이삭 세 줄기 걸려있고,
닭 염통 같은 마른 고추 한 꿰미 놓여있다
깨진 항아리 뚫려 새는 곳 헝겊으로 발라 막고,
찌그러진 시렁대는 떨어지지 않도록 새끼줄로 얽어맸네
놋수저는 지난 번에 이장에게 빼앗기고,
쇠냄비는 새 것인데 이웃집 부자가 앗아갔네
닳아 해진 무명 이불 오직 한 채뿐이라서,
부부유별 따지는 건 가당치도 않구나
어린 것들 입힌 저고리 어깨와 팔꿈치가 나왔거니,
태어나서 바지를 입고 버선을 신어 보았겠나
큰아이는 다섯 살에 기병으로 올라있고,
작은 애도 세 살에 군적에 묶여있어,

奉旨廉察 到積城村舍作 봉지염찰 도적성촌사작

茶山 丁若鏞

臨溪破屋如瓷盆	임계파옥여자발
北風捲茅椽鬣鬣	북풍권모최알알
舊灰和雪竈口冷	구회화설조구랭
壞壁透星篩眼豁	괴벽투성사안활
室中所有太蕭條	실중소유태소조
變賣不抵錢七八	변매부저전칠팔
尨尾三條山粟穎	방미삼조산속영
鷄心一串番椒辣	계심일관번초랄
破甖布糊敦穿漏	파앵포호도천루
庋架索縛防墜脫	기가삭박방추탈
銅匙舊遭里正攘	동시구조리정양
鐵鍋新被隣豪奪	철과신피린호탈
靑綿敝衾只一領	청면폐금지일령
夫婦有別論非達	부부유별논비달
兒稚穿襦露肩肘	아치천유로견주
生來不著袴與襪	생래부착고여말
大兒五歲騎兵簽	대아오세기병첨
小兒三歲軍官括	소아삼세군관괄

두 아들 군포로 오백전을 바치고 나니,

하루라도 빨리 죽길 원할 판에 베옷이 다 무엇이랴

갓난 강아지 세 마리 애들과 함께 잠자는데,

표범과 호랑이는 밤마다 울타리 근처에서 으르렁거린다

남편은 산으로 나무하러 가고 아내는 방아품 팔러 나가니,

대낮에도 대문 굳게 닫혀 그 느낌이 참담하게 슬프구나

아침 점심 다 굶다가 밤에 돌아와서 밥을 짓고,

여름에는 누더기 옷 하나 겨울에는 삼베 적삼 걸친다

들냉이 싹도 깊이 박혀 땅 녹기를 기다려야 하고,

마을의 술이 익어야 모름지기 지게미라도 나올 텐데,

지난봄에 빌린 환곡 닷 말이나 먹었으니,

이로 인해 금년은 정말 살 길이 막막하구나

오로지 나졸들이 사립문에 들이닥칠까 겁날 뿐,

관아에서 곤장 맞을 일일랑 걱정도 하지 않네

슬프도다 이런 집들이 온 천지에 가득한데,

구중궁궐은 바다처럼 깊어 어찌 이들 모두를 살펴보랴

암행어사라는 것은 한나라 때부터 있었던 벼슬로서

이천 석 먹은 고을 수령을 단칼로 내쳤다네

폐단의 근원 본디 어지러워 바로잡히지 않으니,

공수龔遂·황패黃霸 한나라 때 원님이 다시 와도 뿌리 뽑기 어려우리라

중국 북송시대 정협의 떠돌이 백성들 그림을 본받아

애오라지 새로운 시 한 편 그려내어 님의 거처로 돌아가리라

兩兒歲貢錢五百　양아세공전오백
願渠速死況衣褐　원거속사황의갈
狗生三子兒共宿　구생삼자아공숙
豹虎夜夜籬邊喝　표호야야리변갈
郎去山樵婦傭舂　낭가산초부용용
白晝掩門氣慘怛　백주엄문기참달
晝闕再食夜還炊　주궐재식야환취
夏每一裘冬必葛　하매일구동필갈
野薺苗沈待地融　야제묘침대지융
村篘糟出須酒醱　촌추조출수주발
餉米前春食五斗　향미전춘식오두
此事今年定未活　차사금년정미활
只怕邏卒到門扉　지파라졸도문비
不愁縣閣受笞撻　불수현각수태달
嗚呼此屋滿天地　오호차옥만천지
九重如海那盡察　구중여해나진찰
直指使者漢時官　직지사자한시관
吏二千石專黜殺　리이천석전출살
獘源亂本棼未正　폐원난본분미정
龔黃復起難自拔　공황부기난지빌
遠摹鄭俠流民圖　원모정협류민도
聊寫新詩歸紫闥　요사신시귀자달

갑오혁명 당시 가렴주구를 규탄하는 작자미상의 시

작자미상

곤장 때리는 숫자 세는 소리가
관아의 뜰에 가득 차고 있구나
탐관오리에 바쳐야 할 재물을
남정네는 짊어지고 여인네는 머리에 이고,
큰 길을 가득 메우고 있구나
아전의 벼슬아치 3명의 도적놈이
만금을 농락하고 있구나
두승산을 바라보니 밝은 달만이
고부 땅을 가득 비추고 있구나

갑오혁명 당시 가렴주구를 규탄하는 작자미상의 시

작자미상

杖下歌聲滿衙庭　　장하가성만아정
男負女戴大路滿　　남부여대대로만
吏胥三凶弄萬金　　이서삼흉농만금
望山明月古阜滿　　망산명월고부만

운명

녹두장군 전봉준

혁명의 때가 오니 하늘과 땅이 모두 힘을 합치는구나
혁명의 명운이 다하니 영웅도 어찌할 수 없구나
인민을 사랑하고 정의를 세우는 일에 무슨 잘못이 있겠는가
나라를 사랑하는 붉은 마음을 그 누가 알 것인가

殞命 운명

　　　　　　　　　　　綠豆將軍 全琫準

時來天地皆同力　시래천지개동력
運去英雄不自謨　운거영웅부자모
愛民正義我無失　애민정의아무실
愛國丹心誰有知　애국단심수유지

전봉준 유시

녹두장군 전봉준

기자조선의 예의는 삼천리에 뻗쳐 있는데,
송나라를 망친 남송의 진회秦檜같은 사람이 있구나
바른 법도와 풍습은 오백년에 걸쳐 있는데,
병사가 없는 동해에는 노중련魯仲連같은 선비가 없구나

** 전봉준 장군 처형 직전의 유시

遺詩

綠豆將軍 全琫準

箕封禮義三千里　기봉예의삼천리
誤國南方人有檜　오국남방인유회
明制衣冠五百年　명제의관오백년
却兵東海士無連　각병동해사무련

사십구일 기도시

해월 최시형

천의봉 위에는 꽃이 핀 하늘이고,
나, 최시형의 가슴에는 하늘의 도道가 가득하도다
적멸궁 앞에서 티끌세상을 벗어나고,
허령대 위에서 하늘의 기운과 관통하도다
오늘은 오현금 켜기를 탁마하고,
올해에는 하나의 태극에 투철하리라

四十九日 祈禱詩

海月 崔時亨

天宜峰上開花天	천의봉상개화천
道士胸中滿天道	도사흉중만천도
寂滅宮前脫塵世	적멸궁전탈진세
虛靈臺上貫天氣	허령대상관천기
今日琢磨五絃琴	금일탁마오현금
當年透徹一太極	당년투철일태극

수행 격언시 修行 格言詩

수운 최제우

동학의 천도天道는 넓으나 간단하노라
많은 말과 뜻이 필요 없도다
무극대도無極大道 이외에 다른 도리가 없노라
정성을 다하고 공경하며 한울님을 믿을지어다
성경신誠敬信 안에서 마음을 닦아
꿰뚫어 달통한 후에야 알게 될지니,
수행 중에 잡념이 일어남을 두려워 말고,
오직 깨달음 뒤에 오는 앎을 두려워할지어다

座箴 좌잠

水雲 崔濟愚

吾道博而約	오도박이약
不用多言義	불용다언의
別無他道理	별무타도리
誠敬信三字	성경신삼자
這裏做工夫	저리주공부
透後方可知	투후방가지
不怕塵念起	불파진념기
惟恐覺來知	유공각래지

진중음 삼수 중 제1수

충무공 이순신

선조 임금님은 창의문을 지나 의주로 멀리 떠나셨고,
임해군臨海君과 순화군順和君, 두 왕자님은 위험한 강원도와 함경도로 떠나셨네
임금을 제대로 모시지 못한 신하들이 나라 걱정만 하는 날에는,
비장한 장수들이 공훈을 세워야 할 때이로다
저 바다에 대해 맹세하니 물고기와 용龍이 약동하고,
영취산에 대해 맹세하니 풀과 나무가 그 뜻을 알고 있구나
원수인 왜적을 모조리 섬멸할지니,
비록 죽는다 하더라도 결코 죽음을 사양치 않을지어다

陣中吟三首 中 第一首 진중음 삼수 중 제1수

忠武公 李舜臣

天步西門遠	천보서문원
君儲北地危	군저북지위
孤臣憂國日	고신우국일
壯士樹勳時	장사수훈시
誓海魚龍動	서해어룡동
盟山草木知	맹산초목지
讐夷如盡滅	수이여진멸
雖死不爲辭	수사불위사

칼춤의 노래

수운 최제우

이때로다 이때로다
바로 나의 때로다
다시 못 올 좋은 때로다
만 년에 한 번은 나올
사나이로서
오만 년에 맞는 후천개벽의 좋은 때로다
용천검龍泉劍 드는 칼을
아니 쓰고 무엇 하리
소매 없는 장삼 자락 걸쳐 입고,
이 칼 저 칼 넌짓 들어
아득하고 넓은 하늘땅에
한 몸으로 비껴 서서,
칼춤 노래 한 가락을
이때로다 이때로다 부르나니,
용천검 날랜 칼은
해와 달을 희롱하고,
느리게 움직이는 소매 없는 장삼 자락
천하를 덮고 있네

劍訣 검결

水雲 崔濟愚

時乎時乎시호시호
이내시호
不再來之부재래지 時乎시호로다
萬世一之만세일지
丈夫장부로서
五萬年之오만년지 時乎시호로다
龍泉劍용천검 드는 칼을
아니 쓰고 무엇하리
無袖長衫무수장삼 떨쳐입고
이칼 저칼 넌즛 들어
浩浩茫茫호호망망 넓은 천지
一身일신으로 비껴서서
칼노래 한 곡조를
時乎時乎시호시호 불러내니
龍泉劍 용천검 날랜 칼은
日月일월을 희롱하고
게으른 無袖長衫무수장삼
우주에 덮여 있네

역대에 이름난 장군들이
어디에 있나
이 사나이 앞에 맞설 장사
그 누구도 없도다
좋을시고 좋을시고
바로 나의 운명 좋을시고

萬古名將만고명장
어데 있나
丈夫當前장부당전
無壯士무장사라
좋을시고 좋을시고
이내身命신명 좋을시고

장부가

안중근

사나이가 세상에 태어났으니,
그 뜻을 크게 가질지니라
시대가 영웅을 만드는 것인가
영웅이 시대를 만드느니라
사나이가 천하를 바라보나니,
어느 날에 과업을 이룰 것인가
동녘 바람이 점점 차가워지는구나
비장한 장수의 의기가 뜨겁도다
분개하여 한 번 거사를 행하려 나가노니,
반드시 그 목적을 달성하리라
쥐새끼 도적놈 이등박문이여
어찌 사람의 목숨이라고 여길 것인가
어찌 이또가 이에 이를 줄을 헤아렸으리오
나의 과업이 확고하게 이루어질 형세로다
동포여 동포여
속히 대한독립의 대업을 이룰지어다
만세, 만세! 대한 독립 만세!
만세, 만세! 대한 동포 만세!

丈夫歌 장부가

安重根

丈夫處世兮, 其志大矣	장부처세혜, 기지대의
時造英雄兮, 英雄造時	시조영웅혜, 영웅조시
雄視天下兮, 何日成業	웅시천하혜, 하일성업
東風漸寒兮, 壯士義烈	동풍점한혜, 장사의열
憤慨一去兮, 必成目的	분기일거혜, 필성목적
鼠竊伊藤兮, 豈肯比命	서절이등혜, 기긍비명
豈度至此兮, 事勢固然	기도지차혜, 사세고연
同胞同胞兮, 速成大業	동포동포혜, 속성대업
萬歲萬歲兮, 大韓獨立	만세만세혜, 대한독립
萬歲萬歲兮, 大韓同胞	만세만세혜, 대한동포

제2부

서양의 명시名詩

니코스 카잔차키스의 글

아몬드 나무가 겨울의 한 복판에서 꽃을 피웠을 때, 그 주위에 있던 나무들이 핀잔을 주기 시작했다. '쓸데없는 짓이야'라고 그 나무들이 소리쳤다. '무모한 짓이지! 좀 생각해봐. 이런 방식으로 봄을 오게 할 수 있다고 믿어?' 아몬드 나무 꽃은 부끄러워 얼굴을 붉혔다. '친구들아 용서해줘' 아몬드 나무가 말했다. '맹세컨대 이 겨울에 꽃을 피우고 싶지 않았어. 그렇지만 갑작스레 내 심장에서 따스한 봄바람이 살랑대는 느낌이 왔어.'

Nikos Kazantzakis

When an almond tree became covered with blossoms in the heart of winter, all the trees around it began to jeer . 'What vanity,' they screamed, 'what insolence! Just think, it believes it can bring spring in this way!' The flowers of the almond tree blushed for shame 'Forgive me, my sisters,' said the tree. 'I swear I did not want to blossom, but suddenly I felt a warm springtime breeze in my heart.

미라보 다리

기욤 아폴리네르

미라보 다리 아래 세느강이 흐른다
그리고 우리의 사랑은
추억 속에 다시 흐른다
괴로움이 지난 후에는 항상 기쁨이 오나니

밤이여 오라, 시간의 종을 울려라
세월은 흐르고, 나는 여기 있노라

손에 손잡고 얼굴을 마주 보노니,
포옹한 팔의 다리 아래로
강물은 흐르고,
지친 물결을 끝없이 응시하노라

밤이여 오라, 시간의 종을 울려라
세월은 흐르고, 나는 여기 있노라

강물이 흐르듯이 사랑은 흘러가노니,
사랑은 흐르는 것이리라

Le pont Mirabeau

Guillaume Apollinaire

Sous le pont Mirabeau coule la Seine
    Et nos amours
  Faut-il qu'il m'en souvienne
La joie venait toujours après la peine

      Vienne la nuit sonne l'heure
      Les jours s'en vont je demeure

Les mains dans les mains restons face à face
    Tandis que sous
  Le pont de nos bras passe
Des éternels regards l'onde si lasse

      Vienne la nuit sonne l'heure
      Les jours s'en vont je demeure

L'amour s'en va comme cette eau courante
    L'amour s'en va

삶은 더디게 지나가지만
사랑의 희망은 얼마나 강렬한 것인가

밤이여 오라, 시간의 종을 울려라
세월은 흐르고, 나는 여기 있노라

날이 가고 세월이 지나면,
시간도 되돌릴 수 없듯이,
사랑도 다시 돌아올 수 없노라
미라보 다리 아래 세느강이 흐른다

밤이여 오라, 시간의 종을 울려라
세월은 흐르고, 나는 여기 있노라

Comme la vie est lente
Et comme l'Espérance est violente

    Vienne la nuit sonne l'heure
    Les jours s'en vont je demeure

Passent les jours et passent les semaines
    Ni temps passé
  Ni les amours reviennent
Sous le pont Mirabeau coule la Seine

    Vienne la nuit sonne l'heure
    Les jours s'en vont je demeure

탄주가 歎酒歌

윌리엄 버틀러 예이츠

술은 입으로 들어오고,
사랑은 눈으로 들어온다
저것이야말로 우리가 늙어 죽기 전에
진실로 알아야 할 모든 것이리라
나는 술잔을 들어 입에 대고,
그대를 바라보노라
그리고 한숨짓노라

A Drinking Song

William Butler Yeats

Wine comes in at the mouth
And love comes in at the eye;
That's all we shall know for truth
Before we grow old and die.
I lift the glass to my mouth,
I look at you, and I sigh.

눈부시게 아름다운 오월에

하인리히 하이네

눈부시게 아름다운 5월에,
모든 꽃봉오리 터트렸을 때,
그 때, 내 맘 속에서도
사랑이 피어 올랐다네

눈부시게 아름다운 5월에,
모든 새들 노래하고 있었을 때,
그 때, 내 그리움과 열망을 그녀에게 고백했었다네

Im wunderschönen Monat Mai

Heinrich Heine

Im wunderschönen Monat Mai,
Als alle Knospen sprangen,
Da ist in meinem Herzen
Die Liebe aufgegangen.

Im wunderschönen Monat Mai,
Als alle Vögel sangen,
Da hab' ich ihr gestanden
Mein Sehnen und Verlangen.

이니스프리 호도湖島

윌리엄 버틀러 예이츠

나 일어나 이제 가리, 이니스프리 섬으로 가리,
거기서 진흙과 짚을 섞은 초벽으로 조그만 오두막집 짓고,
아홉 이랑 콩을 심고, 꿀벌통 하나 두고,
벌들이 잉잉대는 숲속에서 홀로 살으리

그리고 거기서 얼마쯤의 평화를 누리리라,
평화는 아침을 가린 면포로부터 귀뚜라미 노래하는 곳으로
천천히 떨어져 내리리니,
그 곳은 한밤중에도 희미하게 빛나고,
 대낮에는 자줏빛으로 타오르며,
저녁엔 홍방울새 날개 짓으로 가득하리

나 일어나 이제 가리, 밤낮을 가리지 않고
찰싹거리는 호수의 잔물결 소리 호반에서 듣고 있나니,
시내도로에서나 잿빛 아스팔트에 서 있어도,
가슴 깊은 심연으로부터 그 물결소리 듣고 있네

The Lake Isle of Innisfree

William Butler Yeats

I will arise and go now, and go to Innisfree,
And a small cabin build there, of clay and wattles made:
Nine bean-rows will I have there, a hive for the honey-bee,
And live alone in the bee-loud glade.

And I shall have some peace there, for peace comes dropping slow,
Dropping from the veils of the morning to where the cricket sings;
There midnight's all a glimmer, and noon a purple glow,
And evening full of the linnet's wings.

I will arise and go now, for always night and day
I hear lake water lapping with low sounds by the shore;
While I stand on the roadway, or the pavements grey,
I hear it in the deep heart's core.

첫사랑

윌리엄 버틀러 예이츠

당당히 떠가는 달처럼
뇌쇄적으로 아름다운 가족의 품속에서 자랐지만,
그녀는 잠시 걷다가 그리고 잠시 얼굴을 붉혔다가
내가 다니는 길 위에 멈춰 섰다
내가 그녀의 육체는 살과 피로 이루어진 심장을 가지고 있다는
생각을 떠올렸을 때까지

하지만 내가 그녀의 심장을 손으로 만져
바위로 된 심장이라는 걸 알아차렸을 때,
나는 여러 가지 일들을 시도해보았으나,
어떠한 것도 이루어지지 않았다
매번 만지는 손길은 몽롱하고,
달 위를 걷는 것이었기 때문이다

그녀가 미소 지었는데,
그것은 나를 변모시켜
어줍게 여기 저기 돌아다니는 얼뜨기로 만들었고,
달이 사라질 때
하늘을 순회하는 별들보다도 더 생각이 텅 비어 버렸다

First Love

William Butler Yeats

Though nurtured like the sailing moon
In beauty's murderous brood,
She walked awhile and blushed awhile
And on my pathway stood
Until I thought her body bore
A heart of flesh and blood.

But since I laid a hand thereon
And found a heart of stone
I have attempted many things
And not a thing is done,
For every hand is lunatic
That travels on the moon.

She smiled and that transfigured me
And left me but a lout,
Maundering here, and maundering there,
Emptier of thought
Than the heavenly circuit of its stars
When the moon sails out.

정치

윌리엄 버틀러 예이츠

우리 시대에 인간의 운명은 정치적 용어로 표현할 때 의미가 있다
- 토마스 만

저기에 서있는 저 소녀,
바로 로마나 러시아 또는 스페인의 정치에 관하여
내가 어떤 시각을 견지할 수 있을까
자신이 말하는 것에 대하여 알고 있는,
세상을 주유한 사람이 있기도 하는 반면에,
전쟁과 전쟁의 경고에 관하여
자신이 말하는 것에 대해,
사실일지도 모른다고,
독서를 통하여 관념적으로 생각하는
정치가도 있다
하지만 오! 내가 다시 젊어졌으면!
그리고 그녀를 품안에 안아 봤으면!

Politics

William Butler Yeats

'In our time the destiny of man presents its meanings in political terms' -THOMAS MANN

How can I, that girl standing there,

My attention fix

On Roman or on Russian

Or on Spanish politics,

Yet here's a travelled man that knows

What he talks about,

And there's a politician

That has both read and thought,

And maybe what they say is true

Of war and war's alarms,

But O that I were young again

And held her in my arms.

언덕 위에 앉아, 나는 바라보노라 -1절-

알로이스 야이텔레스

언덕 위에 앉아, 나는 바라보노라
안개 낀 푸른 시골 풍경을

사랑하는 그대를 만났던 곳,
저 멀리 있는 초원을 바라보노라

우리들 사이에 있는,
그리고 우리의 평화, 행복과 고뇌 사이에 있는
산과 계곡이 나누어 놓아,
나는 그대와 멀리 떨어져 있지요

아, 그대에게 그토록 열렬히 달려가고픈
내 모습을 그대는 볼 수 없을 거예요,

우리를 갈라놓은 공간 속으로
한숨만이 날리고 있어요

진정코 그대에게 다가갈 수 있는 방법은 없나요
사랑의 전령일랑 아무것도 없는 것이나요

Auf dem Hügel sitz ich spähend

Alois Jeitteles

Auf dem Hügel sitz ich spähend
In das blaue Nebelland,

Nach den fernen Triften sehend,
Wo ich dich, Geliebte, fand.

Weit bin ich von dir geschieden,
Trennend liegen Berg und Tal
Zwischen uns und unserm Frieden,
Unserm Glück und unsrer Qual .

Ach, den Blick kannst du nicht sehen,
Der zu dir so glühend eilt,

Und die Seufzer, sie verwehen
In dem Raume, der uns teilt.

Will denn nichts mehr zu dir dringen,
Nichts der Liebe Bote sein?

난 노래를 부를 거예요,
그대에게 나의 고통을 슬프게 전해줄 노래를 부를 거예요

왜냐하면 나의 노랫소리가 울려 퍼지면,
모든 공간과 시간이 사라져서,
사랑하는 내 마음이 그대에게 이르게 되고,
사랑하는 내 마음은 거룩해지기 때문이죠!

산들이 더욱 푸르게 보이는 곳에 -2절-

회색빛 안개로부터
산들이 더욱 푸르게 보이는 곳에

석양이 빛나는 곳에
구름들이 떠다니는 곳에
난 그곳에 가고 싶어요!

고요한 계곡이 있는 그곳에서는
고통과 고뇌가 멎게 되지요

Singen will ich, Lieder singen,
Die dir klagen meine Pein!

Denn vor Liebesklang entweichet
Jeder Raum und jede Zeit,
Und ein liebend Herz erreichet
Was ein liebend Herz geweiht!

Wo die Berge so blau

Wo die Berge so blau
Aus dem nebligen Grau
Schauen herein,

Wo die Sonne verglüht,
Wo die Wolke umzieht,
Möchte ich sein!

Dort im ruhigen Tal
Schweigen Schmerzen und Qual.

바위들 사이에
조용히 앵초꽃이 상념에 젖어 있는 그곳에서는,
바람도 아주 그윽하게 살랑대고 있어요
그곳에 가고 싶어요!

사색의 그 숲속으로
사랑의 힘이,
마음속의 고통이
나를 가지 않을 수 없도록 떠밀고 있어요

아, 여기에서 그곳으로
그 어떤 것도 나를 데려가 주지 못하는군요
나의 사랑이여, 그대 곁에 있게 해주오
영원토록!

허공에 떠다니는 새털 같은 구름이여 -3절-

허공에 떠다니는 새털 같은 구름이여
그리고 작고 좁은 시내여
내 사랑을 보거들랑
천 번이라도 나의 인사를 전해다오

Wo im Gestein
Still die Primel dort sinnt,
Weht so leise der Wind,
Möchte ich sein!

Hin zum sinnigen Wald
Drängt mich Liebesgewalt,
Innere Pein.

Ach, mich zög's nicht von hier,
Könnt ich, Traute, bei dir
Ewiglich sein!

Leichte Segler in den Höhen

Leichte Segler in den Höhen,
Und du, Bächlein klein und schmal,
Könnt mein Liebchen ihr erspähen,
Grüßt sie mir viel tausendmal.

고요한 계곡에서 상념에 젖어
떠다니는 구름이여
내 사랑을 보거들랑
내 모습을 무지개 천궁 속에
그녀에게 그려다주오

단풍이 들고 낙엽 지는 가을날에
그녀가 숲가에 있다면
내가 어떻게 지내왔는지 호소해다오
나의 고통이 어떠했는지
새들아 호소해다오

부드러운 하늬바람아 불어다오
내 마음 속에 자리 잡은 그녀에게
마지막 햇살을 비추는 석양처럼
나의 한숨을 실어 보내주오

작고 좁은 시내여,
애달픈 내 사랑, 그녀에게 흘러가서 속삭여다오
셀 수 없는 나의 눈물을
네 잔물결 속에 진실로 보여 다오

Seht ihr, Wolken, sie dann gehen
Sinnend in dem stillen Tal,
Laßt mein Bild vor ihr entstehen
In dem luft'gen Himmelssaal.

Wird sie an den Büschen stehen,
Die nun herbstlich falb und kahl
Klagt ihr, wie mir ist geschehen,
Klagt ihr, Vöglein, meine Qual.

Stille Weste, bringt im Wehen
Hin zu meiner Herzenswahl
Meine Seufzer, die vergehen
Wie der Sonne letzter Strahl.

Flüstr' ihr zu mein Liebesflehen,
Laß sie, Bächlein klein und schmal,
Treu in deinen Wogen sehen
Meine Tränen ohne Zahl!

허공에 높이 떠다니는 저 구름들은 -4절-

허공에 높이 떠다니는 저 구름들,
즐겁게 지저귀며 나는 저 작은 새들은,
오! 우아한 여인, 그대를 보리라
나도 함께 훨훨 날아가도록 그곳으로 데려가 다오
하늬바람은 희롱하듯 그대의 뺨과 젖가슴을 스쳐 지나가며,
비단결 같은 그대의 머리카락을 흩날릴 것이니,
나도 그런 즐거움을 함께 나누어 가졌으면 좋으련만!
이 작은 시냇물도 부지런하게도
저 언덕들 너머로 그대에게 서둘러 달려가노라
시냇물이여, 그녀의 모습이 네 물결 속에 비치걸랑
즉각 되돌아올지어다

오월이 오면 초원에 꽃이 피죠 -5절-

오월이 오면 초원에 꽃이 피죠
바람은 산들산들 불고
시냇물은 졸졸 흐르죠

Diese Wolken in den Höhen

Diese Wolken in den Höhen,
Dieser Vöglein muntrer Zug,
Werden dich, o Huldin, sehen.
Nehmt mich mit im leichten Flug!
Diese Weste werden spielen
Scherzend dir um Wang' und Brust,
In den seidnen Locken wühlen –
Teilt ich mit euch diese Lust!
Hin zu dir von jenen Hügeln
Emsig dieses Bächlein eilt.
Wird ihr Bild sich in dir spiegeln,
Fließ zurück dann unverweilt!

Es kehret der Maien, es blühet die Au

Es kehret der Maien, es bluhet die Au,
Die Lüfte, sie wehen so milde, so lau,
Geschwätzig die Bäche nun rinnen.

제비는 돌아와 편안한 처마 밑에
신혼방을 열심히 지어 놓고,
거기에 사랑이 깃들고 있죠

신혼방의 침대를 위해 이리 저리
부드러운 헝겊조각들을 부지런히 물어오고,
새끼들을 위해서는 많은 다스온 헝겊조각들을 물어오죠

이제 두 부부제비가 함께 충실하게 살고 있죠
겨울이 갈라놓았던 걸
오월은 이제 결합시키죠
오월은 사랑하는 것들을 하나로 묶을 줄 알고 있기 때문이죠

오월이 오면 초원에 꽃이 피죠
바람은 산들산들 불어오는데,
사랑하는 모든 것들을
봄이 하나로 결합시킬 때에도
오직 나 혼자만 여기에서 그대에게로 갈 수가 없네요

우리 사랑에게만 봄이 오지 않고 있나니,
눈물만이 우리 사랑이 얻는 모든 것이군요

Die Schwalbe, die kehret zum wirtlichen Dach,
Sie baut sich so emsig ihr bräutlich Gemach,
Die Liebe soll wohnen da drinnen.

Sie bringt sich geschäftig von kreuz und von quer
Manch weicheres Stück zu dem Brautbett hierher,
Manch wärmendes Stück für die Kleinen.

Nun wohnen die Gatten beisammen so treu,
Was Winter geschieden, verband nun der Mai,
Was liebet, das weiß er zu einen.

Es kehret der Maien, es blühet die Au
Die Lüfte, sie wehen so milde, so lau
Nur ich kann nicht ziehen von hinnen.
Wenn alles, was liebet, der Frühling vereint.

Nur unserer Liebe kein Frühling erscheint,
Und Tränen sind all ihr Gewinnen.

그대여 이 노래들을 받으소서 -6절-

사랑하는 그대에게 불러주는
이 노래들을 받으소서
그리고 저녁때에 다시 현악기의 달콤한 음조로 불러주오

붉은 놀이 고요하고 푸른 호수에 내리비칠 때,
그리고 저녁놀의 마지막 빛이
저 산꼭대기 뒤로 사라질 때,
내가 불렀던 노래를 그대가 불러주오

부풀어 오른 내 가슴에
예술적인 꾸밈 없이 울려나오는 것을
그리움만이 알고 있을 것이오

이 노래들 앞에서
우리를 멀리 갈라놓았던 것은 무력해질 것인데,
사랑하는 내 마음이 그대에게 이르게 되고,
사랑하는 내 마음은 거룩해지기 때문이지요!

Nimm sie hin denn, diese Lieder

Nimm sie hin denn, diese Lieder,
Die ich dir, Geliebte, sang,
Singe sie dann abends wieder
Zu der Laute süßem Klang.

Wenn das Dämmrungsrot dann zieht
Nach dem stillen blauen See,
Und sein letzter Strahl verglühet
Hinter jener Bergeshöh;
Und du singst, was ich gesungen,

Was mir aus der vollen Brust
Ohne Kunstgepräng erklungen,
Nur der Sehnsucht sich bewußt:

Dann vor diesen Liedern weichet
Was geschieden uns so weit,
Und ein liebend Herz erreichet
Was ein liebend Herz geweiht.

오! 사랑할 수 있는 한 사랑하라

페르디난트 프라일그라트

오! 사랑할 수 있는 한 사랑하라!
오! 사랑하고자 하는 한 사랑하라!
무덤 앞에 서서 통탄할,
그 때가 오고 있노라! 그 때가 오고 있노라!

그대의 심장이 타고 있는지 살펴보라!
사랑을 붙잡고 사랑을 지켜 나가라!
누군가의 심장이 그대의 심장과 마주하며
따스하게 사랑으로 뛰고 있는 한

누군가 자신의 마음을 그대에게 털어 놓는다면,
그이를 위하여 할 수 있는 것을 그대는 행하라!
그이에게 매 순간을 즐겁게 하라!
그이에게 매 순간을 슬프게 하지 마라!

그대의 혀를 잘 지켜라!
그렇지 않으면 곧바로 나쁜 말이 나올 것이리니!
오, 하느님, 해롭게 할 의도가 없었을지라도

O lieb', solang du lieben kannst!

Ferdinand Freilgrath

O lieb', solang du lieben kannst!
O lieb', solang du lieben magst!
Die Stunde kommt, die Stunde kommt,
Wo du an Gräbern stehst und klagst!

Und sorge, daß dein Herze glüht
Und Liebe hegt und Liebe trägt,
Solang ihm noch ein ander Herz
In Liebe warm entgegenschlägt!

Und wer dir seine Brust erschließt,
O tu ihm, was du kannst, zulieb'!
Und mach' ihm jede Stunde froh,
Und mach ihm keine Stunde trüb!

Und hüte deine Zunge wohl,
Bald ist ein böses Wort gesagt!
O Gott, es war nicht bös gemeint, -

사랑하는 그이는 떠나가 버리고 슬퍼할 것이리니!

오! 사랑할 수 있는 한 사랑하라!
오! 사랑하고자 하는 한 사랑하라!
무덤 앞에 서서 통탄할,
그 때가 오고 있노라! 그 때가 오고 있노라!

그대는 무덤 아래 무릎을 꿇을 것이리라
그대의 눈은 촉촉하게 슬픔에 잠길 것이리라
교회의 뜰에 길게 자란 축축한 풀 속으로
- 그대는 사랑하는 그이를 더 이상 보지 못할 것이리라 -

그리고 말하리라!
여기 그대의 무덤에서 울고 있는 나를 내려 봐다오!
내가 그대를 아프게 했다는 걸 용서해다오!
오, 하느님, 해롭게 할 의도가 없었어요!

하지만 사랑하는 그이는 그대를 보지도 듣지도 못해요
그대가 기꺼이 그이를 껴안으려 해도 오지 못해요
그대에게 자주 키스해주던 그이의 입은 결코 다시 말하지 못해요
"내가 이미 오래전에 용서했노라"고!

실제로 그이는 오래전에 이미 그대를 용서했노라

Der andre aber geht und klagt

O lieb', solang du lieben kannst!
O lieb', solang du lieben magst!
Die Stunde kommt, die Stunde kommt,
Wo du an Gräbern stehst und klagst!

Dann kniest du nieder an der Gruft
Und birgst die Augen, trüb und naß,
– Sie sehn den andern nimmermehr –
Ins lange, feuchte Kirchhofsgras

Und sprichst: O schau' auf mich herab,
Der hier an deinem Grabe weint!
Vergib, daß ich gekränkt dich hab'!
O Gott, es war nicht bös gemeint!

Er aber sieht und hört dich nicht,
Kommt nicht, daß du ihn froh umfängst;
Der Mund, der oft dich küßte, spricht
Nie wieder: Ich vergab dir längst!

Er tat's, vergab dir lange schon,

그러나 많은 이들이 말하길 그이는 눈물을 쏟았노라
그대에 대해서, 그대의 가혹한 말에 대해서
하지만 이제 조용히 - 그이는 쉬고 있노라 운명하였노라!

오! 사랑할 수 있는 한 사랑하라!
오! 사랑하고자 하는 한 사랑하라!
무덤 앞에 서서 통탄할,
그 때가 오고 있노라! 그 때가 오고 있노라!

Doch manche heiße Träne fiel
Um dich und um dein herbes Wort –
Doch still – er ruht, er ist am Ziel!

O lieb', solang du lieben kannst!
O lieb', solang du lieben magst!
Die Stunde kommt, die Stunde kommt,
Wo du an Gräbern stehst und klagst!

미뇽 2

요한 볼프강 폰 괴테

그리움을 아는 사람만이
내 고통을 알리!
모든 기쁨에서 떨어져 나와
나만 홀로 저편 하늘만 바라보네
아아! 나를 알아주고 사랑하는 사람은 멀리 떠나갔네
아른거리고 애만 타나니,
그리움을 아는 사람만이
내 고통을 알리!

Mignon II

Johann Wolfgang von Goethe

Nur wer die Sehnsucht kennt,

Weiss, was ich leide!

Allein und abgetrennt

Von aller Freude,

Seh' ich ans Firmament

Nach jener Seite

Ach! der mich liebt und kennt,

Ist in der Weite

Es schwindelt mir, es brennt

Mein Eingeweide

Nur wer die Sehnsucht kennt,

Weiss, was ich leide!

버드나무 공원 아랫녘에서

(원제: 다시 부르는 옛 노래)

예이츠

버드나무 공원 아랫녘에서
나의 사랑과 나는 만났네
그러나 그녀는 눈처럼 하얀 조그만 발로 버드나무 공원을 떠났네
잎사귀가 나무에서 자라듯,
사랑을 서두르지 말라고 그녀는 말했었네
하지만 그때 나는 젊고 어리석어,
그녀의 말을 따르지 않았네

들녘 강가에서 나의 사랑과 나는 서 있었네
그리고 그녀는 눈처럼 하얀 손을 기대듯이 나의 어깨에 얹었네
풀잎이 강둑에서 자라듯,
여유를 가지고 살라고 그녀는 말했었네
하지만 그때 나는 젊고 어리석어,
이제 눈물로 채우고 있네

Down by the Salley Gardens

(originally entitled: An Old Song Resung)

William Butler Yeats

Down by the salley gardens
my love and I did meet;
She passed the salley gardens with little snow-white feet
She bid me take love easy,
As the leaves grow on the tree
But I, being young and foolish,
With her would not agree.

In a field by the river my love and I did stand,
And on my leaning shoulder she laid her snow-white hand
She bid me take life easy,
As the grass grows on the weirs;
But I was young and foolish,
and now am full of tears.

오늘 내 서른여섯 해를 마감하네

조지 고든 바이런 경卿

다른 육신의 세포들도 멈추었나니,
이 시간부터 이 심장은 움직이지 않으리
그래도, 내가 사랑받을 수는 없지만,
나는 여전히 사랑하리!

나의 생애는 이제 노랗게 물든 이파리 안에 있나니,
사랑의 꽃과 열매들은 사라져,
벌레와 종창과 슬픔만이
내 것이 되었구나!

내 가슴을 아프게 하는 저 불빛은
화산섬처럼 외롭구나
- 아직 화장용 장작더미에 불을 지펴어
횃불이 타오르고 있진 않구나

희망, 두려움, 용납할 수 없는 근심,
강렬한 고통,
그리고 사랑의 힘을 이제 나는 나눌 수는 없고,

On This Day I Complete My Thirty-sixth Year

George Gordon, Lord Byron

'Tis time this heart should be unmoved,
Since others it hath ceased to move:
Yet, I can not be beloved,
Still let me love!

My days are in the yellow leaf;
The flowers and fruits of love are gone;
The worm, the canker, and the grief
Are mine alone!

The fire that on my bosom preys
Is lone as some volcanic isle;
No torch is kindled at its blaze –
A funeral pile

The hope, the fear, the jealous care,
The exalted portion of the pain
And power of love, I can not share,

사슬로 감아 놓을 수 있을 뿐

하지만, 영광이 영웅의 상여를 장식하거나
그의 이마를 여매고 있는,
지금은 아냐, 이런 식은 아냐, 여기는 아냐,
그러한 생각들이 내 영혼을 흔들어 대고 있나니,

검과 깃발과 벌판,
영광과 그리스, 내 주위에서 보아라!
스파르타 사람들이여, 방패를 가지고 났어도,
더욱 더 자유로운 것은 아니었구나

깨어 있으라!(그리스는 해당 안됨 - 그리스는 이미 깨어 있다!)
깨어 있으라, 나의 혼이여! 끝까지 생각하라!
그대의 생혈生血에 따라 조상의 호수에 이르러,
그 발상지에 도착하는 사람들을!

그러한 소생하는 정열의 발길 따라 가는,
보잘 것 없는 사나이여!
- 그대에게 미소 짓거나 찡그리거나 상관없이
아름다움이 있으리라

그대가 그대의 젊음을 안쓰럽게 생각한다면, 왜 사느냐?

But wear the chain

But 't is not thus- and 't is not here -
Such thoughts should shake my soul, nor now,
Where glory deck's the hero's bier,
Or binds his brow

The sword, the banner, and the field,
Glory and Greece, around me see!
The Spartan, borne upon his shield,
Was not more free

Awake!(not Greece - she is awake!)
Awake, my spirit! Think through whom
Thy life-blood tracks its parent lake,
And then strike home!

Tread those reviving passions down,
Unworthy manhood! - unto thee
Indifferent should the smile or frown
Of beauty be

If thou regret'st thy youth, why live?

영광스런 죽음의 땅이
여기 있노라
- 숨을 마칠 벌판까지!

그대여 최선을 다하여, 찾아내라
- 이미 발견된 것보다 적을지라도 -
이름 모를 전사의 무덤을,
그리고 둘러보라, 그대의 자리를 잡고,
안식을 취하라

미쏘롱기, 1824년 1월 22일

The land of honourable death
Is here: - up to the field, and give
Away thy breath!

Seek out - less often sought than found -
A soldier's grave, for thee the best;
Then look around, and choose thy ground,
And take thy rest

MISSOLONGHI, January 22, 1824

명상17, 7번째 문단에서

존 던

어떤 사람의 죽음도 나를 슬프게 해요
제가 인류에 속해 있기 때문이죠
그래서 저 종소리가 누굴 위해 울리는지
결코 사람을 보내, 알려고 하지 않았죠
저 종소리는 당신을 위해 울리고 있기 때문이죠

In paragraph 7 of Meditation XVII

John Donne

Any man's death diminishes me,
because I am involved in mankind,
and therefore never send to know
for whom the bell tolls;
it tolls for thee

셰익스피어 소넷 73

추위에 맞서 흔들거리는 나뭇가지에,
노랗게 물든 잎들이 거의 또는 전혀 걸려 있지 않을 때,
그대가 나를 바라보게 될 그러한 때에,

느즈막에 감미롭게 지저귀는 새들의 합창소리도 전혀 들리지 않을 때,
석양도 뉘엿뉘엿 서녘으로 지고,
이윽고 어둔 밤이 앗아 가게 될 그러한 날에,
그대는 나에게서 황혼을 보게 될진대,

모든 것을 안식으로 덮어 버리는 죽음이라는 영면을,
임종의 때에 소멸되어야 하는 그 젊음을 태운 재가 놓여 있는,
그 죽음의 불빛을 그대가 나에게서 보게 될진대,

생육과정에 받은 것은 소진되어야 하나니,
그대가 이것을 알아차린다면, 그대의 사랑을 더욱 강하게 하여,
머지않아 떠나야만 하는 것을 잘 사랑하게 되리

Shakespear's sonnet 73

That time of year thou mayst in me behold,
When yellow leaves, or none, or few, do hang,
Upon those boughs which shake against the cold,

Bare ruined choirs, where late the sweet birds sang,
In me thou seest the twilight of such day,
As after sunset fadeth in the west,
Which by and by black night doth take away,

Death's second self, that seals up all in rest,
In me thou seest the glowing of such fire,
That on the ashes of his youth doth lie,
As the death-bed whereon it must expire,

Consumed with that which it was nourished by,
This thou perceiv'st, which makes thy love more strong,
To love that well which thou must leave ere long.

방황에 부쳐 - 크눌프를 추념하며

헤르만 헤세

슬퍼하지 말아요 곧 밤이 될 거예요
그 때 창백한 대지 너머로
상큼한 달을 바라 볼 거예요
남몰래 미소 짓는 저 달처럼
우리, 손에 손을 꼭 잡고 편히 쉴 거예요

슬퍼하지 말아요 곧 때가 올 거예요
그 때 우리 편히 쉴 거예요
우리들의 작은 십자가가 불 밝은 길가에 둘이서
나란히 서 있을 거예요
그리고 비가 내리고 눈이 내리고
바람이 오고 갈 거예요

* 크눌프: 유랑의 삶 속에 죽은, 헤르만 헤세의 소설 (Drei Geschichten aus dem Leben Knulps) 속의 인물

Auf Wanderung – Dem Andenken Knulps

Hermann Hesse

Sei nicht traurig, bald ist es Nacht,
Da sehen wir ueber dem bleichen Land
Den kuehlen Mond, wie er heimlich Lacht,
Und ruhen Hand in Hand

Sei nicht traurig, bald kommt die Zeit,
Da haben wir Ruh Unsre Kreuzlein stehen
Am hellen Strassenrande zu zweit,
Und es regnet und schneit,
Und die Winde kommen und gehen

황무지

토마스 스턴즈 엘리엇

내 눈으로 직접 호리병 속에 매달려 있는 쿠마의 시빌(죽지 않고 늙어만 가는 무녀)을 본 적이 있는데, 시빌에게 소년들이 물었다 "너는 원하는 게 무엇이냐" 그 무녀가 대답했다 "죽는 거야"

가장 뛰어난 예술가
에즈라 파운드에게

I. 죽은 자의 매장

죽은 대지에서 수수꽃다래를 키워 내려 하고,
기억과 욕망을 뒤죽박죽으로 만들어 버리고,
봄비로 활기 없는 뿌리들을 꿈틀거리게 하려는
(황무지의) 4월은 가장 잔인한 달,
무심하게 땅 위에 눈이 쌓이고,
마른 감자로 작은 생명을 길러 주었던,
겨울이 차마 우리에겐 따스했다
슈타른베르거 호수 너머로 오던 여름은
한 줄기의 소나기로 우리를 놀라게 했고,
우리는 늘어선 기둥의 처마 아래 머물러야만 했다
그리고 햇볕이 나자 호프가르텐 공원으로 갔다

The Waste Land

Thomas Stearns Eliot

'Nam Sibyllam quidem Cumis ego ipse oculis meis vidi in ampulla pendere, et cum illi pueri dicerent: Σίβυλλα, τί θέλεις; respondebat illa: ἀποθανεῖν θέλω

For Ezra Pound
il miglior fabbro

I. The Buriel of the Dead

April is the cruellest month, breeding
Lilacs out of the dead land, mixing
Memory and desire, stirring
Dull roots with spring rain.
Winter kept us warm, covering
Earth in forgetful snow, feeding
A little life with dried tubers
Summer suprised us, coming over the Starnbergersee
With a shower of rain; we stopped in the colonnade,
And went on in sunlight, into the Hofgarten,

커피를 마셨고 한 시간 동안 이야기 했다
저는 러시아 여자가 아니고, 리투아니아 출신이며, 진짜 독일인이예요
어렸을 때 제 사촌 대공大公 댁에 머물렀어요,
그가 나를 데리고 나와 썰매에 태웠는데,
무서웠어요.
그가 말했어요. 마리아,
마리아 꼭 붙잡아. 그리고 아래로 내려갔지요
산에 오면 거기에서 당신은 자유를 느낄 거여요
저는 대체로 밤에 책을 읽으며, 겨울에는 남쪽으로 갑니다

뻗어 나가는 뿌리들은 무엇이며
굳어 버린 쓰레기더미에서 자라나는 가지는 무엇인가 사람의 아들이여,
당신은 말할 수도 없거니와 짐작할 수도 없소
당신은 부서진 성상이 쌓여있는 산더미만을 알고 있을 뿐,
그 곳은 뙤약볕이 내리 쬐고,
죽은 나무도 피난처가 되지 못하고, 귀뚜라미도 위안을 주지 않으며,
메마른 돌에는 물소리마저 깃들어 있지 않노라
거기에는 오직 이 붉은 바위 아래 그늘이 있을 뿐,
(이 붉은 바위의 그늘 아래로 들어오게나)
그러면 내가 아침에 너를 뒤따르는 네 그림자나,
저녁에 너를 맞으러 일어서는 그림자와는 다른,
그 어떤 것을 너에게 보여 주겠노라
한 줌의 먼지 속에 있는 외경畏敬을 너에게 보여 주리라

And drank coffee, and talked for an hour
Bin gar keine Russin, stamm' aus Litauen, echt deutsch.
And when we were children, staying at the arch-duke's,
My cousin's, he took me out on a sled,
And I was frightened He said, Marie,
Marie, hold on tight And down we went
In the mountain, there you feel free
I read, much of the night, and go south in the winter.

What are the roots that clutch, what branches grow
Out of this stony rubbish? Son of man,
You cannot say, or guess, for you know only
A heap of broken images, where the sun beats,
And the dead tree gives no shelter, the cricket no relief,
And the dry stone no sound of water Only
There is shadow under this red rock,
(Come in under the shadow of this red rock),
And I will show you something different from either
Your shadow at morning striding behind you
Or your shadow at evening rising to meet you;
I will show you fear in a handful of dust.
Frisch weht der Wind
Der Heimat zu

바람은 시원하게
고향 쪽으로 불고 있네요
아일랜드의 어릴 적 내 친구야
너는 지금 어디에 있느뇨?
당신은 일 년 전 처음으로 나에게 히아신쓰를 주었지요
사람들은 저를 히아신쓰 아가씨라 불렀죠
- 하지만 우리가 히아신쓰 정원에서 네가 꽃을 한 아름 가득 안고,
 네 머리카락은 젖은 채로 늦게 돌아왔을 때, 나는 말할 수도 없었고, 제대로 바라보지도 못했고,
살아 있는 것도 죽어 있는 것도 아니었으며,
빛의 심장, 침묵 속을 들여다보며 어쩔 줄 몰랐다
바다는 멍한 채로 적막하였노라

천리안이 있는 것으로 유명한 소소스트리스 부인은
독감에 걸렸다 그럼에도 마법의 사악한 카드 한 벌을 가지고,
유럽에서 가장 슬기로운 여자로 알려져 있다
그녀가 말했다
여기에 당신의 카드가 있어요, 익사한 페니키아 선원이군요
(보세요! 그의 눈이었던 것이 이제 진주가 되었군요)
여기 아름다운 여인이 있어요, 바위의 숙녀,
중대한 국면의 여인이랍니다
여기에 막대기 셋을 가진 남자가 있고, 여기엔 바퀴가 있어요
그리고 여기에는 애꾸눈 상인이 있고,
비어 있는 이 카드는 그가 등에 짊어지고 가는 어떤 것인데,
나는 보지 못하도록 금지되어 있군요

Mein Irisch Kind,
Wo weilest du?
'You gave me hyacinths first a year ago;
'They called me the hyacinth girl'
– Yet when we came back, late, from the hyacinth garden,
Your arms full, and your hair wet, I could not
Speak, and my eyes failed, I was neither,
Living nor dead, and I knew nothing,
Looking into the heart of light, the silence
Oed' und leer das Meer.

Madame Sosotris, famous clairvoyante,
Had a bad cold, nevertheless
Is known to be the wisest woman in Europe,
With a wicked pack of cards Here, said she,
Is your card, the drowned Phoenician Sailor,
(Those are pearls that were his eyes Look!)
Here is Belladonna, the lady of Rocks,
The lady of situations.
Here is the man with three staves, and here the Wheel,
And here is the one-eyed merchant, and this card,
Which is blank, is something he carries his back,
Which I am forbidden to see I do not find

교수형 당한 사내의 카드를 나는 찾지 못하고 있어요
물에 빠져 죽는 것을 조심하세요
뭇 사람들이 동그라미를 그리며 걷는 것이 보이는군요
고맙습니다 경애하는 에퀴톤 여사를 보거든,
내 자신이 직접 천궁도를 가지고 간다고 말해 주세요
요즘 날에는 아주 조심해야만 합니다

현실감 없는 도시,
겨울 새벽의 갈색 안개 아래로
한 무리의 사람들이 런던 다리 너머로 흘러갔다
그렇게 많은 사람들을,
죽음이 그렇게 많은 사람들을 파멸시켰는지를 나는 생각하지 못했었다
이따금 짧게 한숨들을 내쉬었고,
제 각기 시선을 발치 앞에 떨구었다
언덕을 올라가 윌리엄 왕 거리로 내려가서,
성 메리 울노쓰 성당이 아홉시를 알리는
마지막 타종에 관한 죽은 소리로 시간을 안고 있었다
거기에서 나는 아는 사람을 만나, 외치며 그를 멈춰 세웠다
'스텟슨! '자네는 밀라에 해전에서 나와 함께 배에 타고 있었지!
'자네가 작년에 자네 정원에 심어 놓은 그 송장은
'싹을 틔우기 시작했나 올해 꽃을 피우겠나
아니면 갑작스런 서리가 내려 싹 틔울 자리를 망쳐 놓았나
'오, 개를 밀리 하게, 고것이 인간의 친구라고 하더라도
그렇지 않으면 그 놈의 발톱으로 송장을 다시 파헤칠 것이네!
'그대! 위선적인 독자여! - 나와 같은 자, - 나의 형제여!'

The Hanged Man Fear death by water
I see crowds of people, walking round in a ring
Thank you If you see dear Mrs Equitone,
Tell her I bring the horoscope myself:
One must be so careful these days.

Unreal City,
Under the brown fog of a winter dawn,
A crowd flowed over London Bridge, so many,
I had not thought death had undone so many
Sighs, short and infrequent, were exhaled,
And each man fixed his eyes before his feet
Flowed up the hill and down King William Street,
To where Saint Mary Woolnoth kept the hours
With a dead sound on the final stroke of nine.
There I saw one I knew, and stopped him, crying: 'Stetson!
'You who were with me in the ships at Mylae!
'That corpse you planted last year in your garden,
'Has it begun to sprout? Will it bloom this year?
'Or has the sudden frost disturbed its bed?
'O keep the Dog far hence, that's friend to men,
'Or with his nails he'll dig it up again!
'You! hypocrite lecteur! – mon semblable, – mon frère!'

하프 연주자 1

요한 볼프강 폰 괴테

고독에 빠져 있는 자여
아! 그대는 곧 홀로 되리라
누구나 살아가며, 누구나 사랑하며
고통에 빠지는구나

그래! 나를 고뇌에 빠지게 내버려 두오
그러면 언젠가는 한번
정말로 고독하게 될 수 있을지라도
그때 나는 결코 홀로 되지 않으리라

사랑에 빠진 자가 살금살금 다가와
그녀가 홀로 있는지 슬며시 엿보노라
그와 같이 낮이나 밤이나
고독에 잠긴 나에게 고통이 엄습하고
고독에 잠긴 나에게 고뇌가 엄습하노라
아아! 비로소 언젠가는
무덤 속에서까지 고독하게 될진대
그때 고통에서 벗어나 진정으로 홀로 있게 되리라

Harfenspieler I

Johann Wolfgang von Goethe

Wer sich der Einsamkeit ergibt,
Ach! der ist bald allein;
Ein jeder lebt, ein jeder liebt,
Und lässt ihn seiner Pein.

Ja! lasst mich meiner Qual!
Und kann ich nur einmal
Recht einsam sein,
Dann bin ich nicht allein.

Es schleicht ein Liebender lauschend sacht,
Ob seine Freundin allein?
So überschleicht bei Tag und Nacht
Mich Einsamen die Pein,
Mich Einsamen die Qual
Ach, werd' ich erst einmal
Einsam im Grabe sein,
Da lässt sie mich allein!

하프 연주자 2

요한 볼프강 폰 괴테

대문 옆에 살며시 다가가
조용히 다소곳하게 서 있으리라
독실한 손길에 의해 먹을 걸 얻게 된다면,
나는 내 갈 길을 계속 가리라

누구나 자신이 행복하다 생각할진대,
사람들이 내 모습을 직접 본다면
눈물 한 방울 흘릴 것이리라
그들이 무엇에 대해 울었는지
나는 알지 못하노라

Harfenspieler II

Johann Wolfgang von Goethe

An die Türen will ich schleichen,
Still und sittsam will ich stehn;
Fromme Hand wird Nahrung reichen,
Und ich werde weitergehn.

Jeder wird sich glücklich scheinen,
Wenn mein Bild vor ihm erscheint;
Eine Träne wird er weinen,
Und ich weiss nicht, was er weint.

하프 연주자 3

요한 볼프강 폰 괴테

눈물 젖은 빵을 먹어 본 적이 없는 사람들
슬픔에 젖은 밤을 침대에서
울며 지새운 적이 없는 사람들
나는 너희를 결코 알지 못하나니,
나는 너희를 심판할 천상의 권능이니라

너희는 우리의 삶 속으로 비집고 들어와서
너희는 가난한 자에게 죄를 짓게 하였으며
또한 고통 속에 빠지게 하였나니,
이 세상에서 지은 모든 죄는 그 대가를 치르게 되리라

Harfenspieler III

Johann Wolfgang von Goethe

Wer nie sein Brot mit Tränen aß,
Wer nie die kummervollen Nächte
Auf seinem Bette weinend saß,
Der kennt euch nicht, ihr himmlischen Mächte!

Ihr führt ins Leben uns hinein,
Ihr lasst den Armen schuldig werden,
Dann überlasst ihr ihn der Pein:
Denn alle Schuld rächt sich auf Erden.

안개 속에서

헤르만 헤세

안개 속에서 유난히 방황하는 것들이여!
모든 숲과 바위들은 외롭구나
어떠한 나무도 다른 나무를 보지 못하니,
모든 나무는 외롭구나

아직 내 인생이 빛나고 있었을 때에는
나에게 세상은 친구들로 가득하였는데,
이제 안개가 내리니,
어느 누구도 더 이상 보이지 않는구나

정녕 그대들은 현명치 않으리니,
자신에게서 모든 것을 떼어 놓고,
저 피할 수 없이 다가오는
그윽한 어둠을 알지 못하는 이들이여

안개 속에서 유난히 방황하는 이여!
인생은 고독한 것
어떤 사람도 다른 사람을 알지 못하니,
모든 이는 외롭구나

Im Nebel

Hermann Hesse

Seltsam, im Nebel zu wandern!
Einsam ist jeder Busch und Stein,
Kein Baum sieht den andern,
Jeder ist allein.

Voll von Freunden war mir die Welt,
Als noch mein Leben licht war;
Nun, da der Nebel faellt,
Ist keiner mehr sichtbar.

Wahrlich, keiner ist weise,
Der nicht das Dunkel kennt,
Das unentrinnbar und leise
Von allen ihn trennt.

Seltsam, im Nebel zu Wandern!
Leben ist Einsamsein
Kein Mensch kennt den andern,
Jeder ist allein.

바닷가에서 밤에

월트 휘트먼

바닷가에서 밤에
한 소녀가 아빠와 함께 서있네
동녘 가을 하늘을 바라보면서

사나운 구름, 검은 사제복을 입은 듯한 먹구름이 번지면서,
재빠르게 하늘을 가로질러 아래로 음울하게 내려앉고 있는데,
확 어둠을 젖히고,
크고 고요한 대공大空 별, 목성이,
아직 동녘에 머물러 있는, 투명하고 맑은 창공의 테두리 가운데로
떠오르고 있네
그리고 손에 잡힐 정도로 가까이, 바로 조금 그 위로,
우아한 일곱 자매 별들이 유영하고 있네
바닷가에서 아빠의 손을 잡고 있는 그 소녀가,
저 먹구름들이 내려와
이윽고 승리자로서 모든 것을 삼켜버리고 있는 걸,
바라보며, 소리 없이 울고 있네

아가야, 울지 마라
내 귀염둥이, 울지 마라
이렇게 뽀뽀해주면 네가 울음을 그치겠지
사나운 구름이 오래토록 승리자가 되지는 못하고,

On the Beach at Night

Walt Whitman

On the beach at night,
Stands a child with her father,
Watching the east, the autumn sky.

Up through the darkness,
While ravening clouds, the burial clouds, in black masses spreading,
Lower sullen and fast athwart and down the sky,
Amid a transparent clear belt of ether yet left in the east,
Ascends large and calm the lord-star Jupiter,
And nigh at hand, only a very little above,
Swim the delicate sisters the Pleiades
From the beach the child holding the hand of her father,
Those burial-clouds that lower victorious soon to devour all,
Watching, silently weeps.

Weep not, child,
Weep not, my darling,
With these kisses let me remove your tears,

하늘을 오래토록 소유하지도 못하며,
그 사나운 구름이 별들을 삼켜버리는 것 같지만,
단지 환영일 뿐이란다
기다려봐라, 또다른 밤에 목성이 나타나고, 다시 보게 될 거야,
일곱 자매 별들이 나타날 거야
그 별들은 죽지 않고,
모든 저 별들은 은빛과 금빛으로 다시 반짝일 거야
큰 별이든 작은 별이든 다시 반짝일 거고, 계속해서 그럴 거야
거대한 불멸의 항성들과
수심 어린 영속적인 위성들도 다시 반짝일 거야

사랑하는 아가야
그 때에도 너는 목성만을 위해 슬퍼할 거니
너는 홀로 별들의 죽음을 생각하고 있구나

그 무언가 있단다,
(너를 달래는 내 입술로, 귓속말로 말해주는데,
이것은 너에게 처음으로 하는 암시이고, 문제이며, 복선이란다)
별들보다도 더, 그 이상으로 불멸의 존재인 그 무언가 있단다
(수많은 별들이 죽고, 수많은 낮과 밤이 소멸해 가더라도)
반짝이는 목성보다 더, 그 이상으로 영속하는
그 무언가 있단다
태양이나 그 둘레를 공전하는 어떤 행성보다 더,
빈짝이는 저 일곱 자매 별들보다 더,
영속하는 그 무언가 있단다

The ravening clouds shall not long be victorious,
They shall not long possess the sky, they devour the stars only in apparition,
Jupiter shall emerge, be patient, watch again another night, the Pleiades shall emerge,
They are immortal, all those stars both silvery and golden shall shine out again,
The great stars and the little ones shall shine out again, they endure,
The vast immortal suns and the long-enduring pensive moons shall again shine

Then dearest child mournest thou only for Jupiter?
Considerest thou alone the burial of the stars?

Something there is,
(With my lips soothing thee, adding I whisper,
I give thee the first suggestion, the problem and indirection,)
Something there is more immortal even than the stars,
(Many the burials, many the days and nights, passing away,)
Something that shall endure longer even than lustrous Jupiter,
Longer than sun or any revolving satellite,
Or the radiant sisters the Pleiades

바닷가에서 밤에 홀로

월트 휘트먼

바닷가에서 밤에 홀로
늙으신 어머니가 흐느적거리듯 이리 저리 거닐면서
쉰 목소리로 노래 부를 때,
나는 밝은 별들이 반짝이고 있는 것을 보노라면,
우주와 미래의 음자리표를 생각하게 된다

서로 닮은 모습이 모든 것에 광범위하게 맞물려 있노라
모든 별들, 어른별, 아기별, 큰 별, 작은 별, 항성, 위성, 행성들
아무리 광막할지라도 공간의 모든 거리들,
시간의 모든 거리들, 숨 쉬지 않는 모든 형태의 것들,
모든 영혼들, 이와는 전혀 다르고 또한 다른 세계에 있지만,
살아 있는 모든 것들,
모든 기체, 액체, 식물, 무기물질화 과정, 물고기, 짐승들,
모든 민족, 인종, 야만, 문명, 언어들,
이 지구상에 또는 다른 별에 존재했거나 존재할지도 모르는 모든 확인체들
모든 생명체와 죽음들, 모든 과거, 현재, 미래들,
이처럼 서로 닮은 모습이 광범위하게 걸쳐 있고, 항상 걸쳐 있었고,
영원히 걸쳐 있을 것이며, 촘촘하게 맞잡고, 그것들을 에워싸고 있노라

On the Beach at Night Alone

Walt Whitman

On the beach at night alone,
As the old mother sways her to and fro singing her husky song,
As I watch the bright stars shining, I think a thought of the clef of the universe and of the future.

A vast similitude interlocks all,
All spheres, grown, ungrown, small, large, suns, moons, planets,
All distances of place however wide,
All distances of time, all inanimate forms,
All souls, all living bodies though they be ever so different, or in different worlds,
All gaseous, watery, vegetable, mineral processes, the fishes, the brutes,
All nations, colors, barbarisms, civilizations, languages,
All identities that have existed or may exist on this glove or any globe,
All lives and deaths, all of the past, present, future,
This vast similitude spans them and always has spann'd,
And shall forever span them and compactly hold and enclose them.

가지 않은 길

로버트 프로스트

노랗게 물든 숲속에 두 길이 갈라져 있었네
양쪽 길을 모두 갈 수는 없고,
하나의 길을 선택할 수밖에 없어서 아쉬웠네
오랫동안 서서, 그 길이 덤불 속에 굽어져 있는 곳까지
가능한 한 멀리 멀리 내려다보았네

그리고 나서 다른 쪽 길을 선택하는 것도 공정하게 정당한 만큼,
아마도 보다 좋은 길로 여겨지는 한 쪽 길을 선택했네
어떤 길이든 사람들이 지나다녀 사실 동일하게 다듬어지게 되겠지만,
그 길은 잡풀이 무성하고 발자취가 별로 없는 길이였기 때문에

그리고 선택한 그 날 아침에도 두 길은 똑같이 낙엽 속에 놓여 있었고,
어느 누구도 걸은 발자취가 전혀 없었네
오! 훗날 걷기 위해 첫 번째 길은 남겨 두었네
하지만 얼마나 길을 계속 걸었는지 알아차린 후에야,
처음으로 다시 돌아 올 수 있을는지 의문이 들었네

The Road Not Taken

Robert Frost

Two roads diverged in a yellow wood,
And sorry I could not travel both
And be one traveler, long I stood
And looked down one as far as I could
To where it bent in the undergrowth;

Then took the other, as just as fair,
And having perhaps the better claim,
Because it was grassy and wanted wear;
Though as for that the passing there
Had worn them really about the same,

And both that morning equally lay
In leaves no step had trodden black
Oh, I kept the first for another day!
Yet knowing how way leads on to way,
I doubted if I should ever come back.

세월이 흐른 후 어디선가
한숨을 지으며 나는 말할 걸세
숲속에 두 길이 갈라져 있었네
나는 말이야, 나는 남들이 거의 다니지 않은 길을 선택했네
그리고 그 선택으로 모든 것이 달라졌노라고

I shall be telling this with a sigh
Somewhere ages and ages hence:
Two roads diverged in a wood, and I –
I took the less traveled by,
And that has made all the difference.

성공이란

랠프 왈도 에머슨

성공이란

자주 그리고 많이 웃는 것,

지혜로운 사람들에게 존경받고
아이들로부터 사랑을 받는 것,

정직한 비평가에게 찬사를 받고
거짓된 친구들의 배신을 참아내는 것,

아름다움을 분별할 줄 알고,
다른 사람의 좋은 점을 발견하는 것,

아이를 건강하게 키우든, 조그만 땅뙈기의 정원을 가꾸든,
아니면 사회적 여건을 개선하든
세상을 조금이라도 좋은 곳으로 만들어놓고 떠나는 것,

당신이 삶을 살았다는 이유로
누군가의 삶이 보다 평온하게 숨 쉬었다는 것을 아는 것

바로 그것이 성공한 인생이지

"Success"

Ralph Waldo Emerson

What is Success?

To laugh often and much;

To win the respect of intelligent people
and the affection of children;

To earn the appreciation of honest critics
and endure the betrayal of false friends;

To appreciate beauty;
To find the best in others;

To leave the world a bit better, whether by
a healthy child, a garden patch
or a redeemed social condition;

To know even one life has breathed
easier because you have lived;

This is to have succeeded

나 자신의 노래 제1장

월트 휘트먼

나는 나 자신을 축하하고, 나 자신을 노래하노라
내가 취하는 태도대로 그대가 따르리라
나를 구성하는 모든 원자는 똑같이 그대에게도 속할 테니까
나는 방황하면서 내 영혼을 초대하노라
나는 여름의 풀 잎사귀를 바라보면서
자유롭게 흐느적거리며 방황하노라
나의 혀, 내 피의 모든 원자는 이 흙, 이 공기로 빚어져 부모에게서 여기 태어났고,
부모는 똑같이 부모로부터 여기 태어났고, 그 부모는 마찬가지로 그 부모로부터 태어났노라
나는 지금 서른일곱 살로 완전하게 건강한 몸으로 시작하노라
죽을 때까지 멈추지 않기를 바라면서
신조와 학문은 지금 이 상태로 만족하고, 멈추어 놓은 채로 잠시 물러나 있겠지만, 잊어버리진 않겠노라
좋은 생각을 품든, 나쁜 생각을 품든,
원초적인 힘을 가지고 제약이 없는 자연에 대해
나는 거침없이 말하는 것을 허용하노라

Song of Myself

Walt Whitman

1.

I celebrate myself, and sing myself,
And what I assume you shall assume,
For every atom belonging to me as good belongs to you
I loaf and invite my soul,
I lean and loaf at my ease observing a spear of summer grass.
My tongue, every atom of my blood, formed from this soil, this air,
Born here of parents born here from parents the same, and their parents the same,
I, now thirty-seven years old in perfect health begin,
Hoping to cease not till death
Creeds and schools in abeyance,
Retiring back awhile sufficed at what they are, but never forgotten,
I harbor for good or bad, I permit to speak at every hazard,
Nature without check with original energy.

오드리 헵번의 아름다워지는 비결

아름다운 입술을 가지고 싶으면
친절한 말을 해라

사랑스런 눈을 가지고 싶으면
사람들에게서 좋은 점을 봐라

날씬한 몸매를 갖고 싶으면
너의 음식을 배고픈 사람과 나누어라

아름다운 머리카락을 갖고 싶으면
하루에 한 번 어린이가 손가락으로 너의 머리를 쓰다듬게 하라

아름다운 자세를 갖고 싶으면
결코 너 혼자 걷고 있지 않음을 명심하라

사람들은 상처로부터 복구되어야 하며
낡은 것으로부터 새로워져야 한다
병으로부터 회복되어져야 하고
무지함으로부터 교화되어져야 하며,
고통으로부터 구원받고 또 구원받아야 한다

Audrey Hepburn's Beauty Tips

For attractive lips, speak words of kindness.

For lovely eyes, seek out the good in people.

For a slim figure, share your food with the hungry.

For beautiful hair, let a child run his fingers through it once a day.

For poise, walk with the knowledge you'll never walk alone.

People, even more than things, have to be restored, renewed, revived, reclaimed and redeemed and redeemed and redeemed.

결코 누구도 버려져서는 아니 된다

기억하라 만약 도움의 손이 필요하다면
너의 팔 끝에 있는 손을 이용하면 된다

네가 더 나이가 들면 손이 두 개라는 걸 발견하게 된다

한 손은 너 자신을 돕는 손이고
한 손은 다른 사람을 돕는 손이다

죽기 직전 마지막 크리스마스이브에 자신의 아들에게 들려준 시, 실제로는 유머작가 샘 레빈슨이 그 책에서 쓴 "오랜 세월 검증된, 아름다워지는 비결"

Never throw out anybody.

Remember, if you ever need a helping hand, you'll find one at the end of your arm.

As you grow older, you will discover that you have two hands

One for helping yourself, the other for helping others.

The elegant actress was said to have read this poem to her sons on the last Christmas Eve of her life

The following poem, "Time-Tested Beauty Tips," has often been attributed to actress Audrey Hepburn, but it was actually written by the late American humorist Sam Levenson in his book

비 오는 날

헨리 워즈워드 롱펠로우

날은 춥고, 어둡고 음울한데,
비가 내리고, 바람은 그치지 않아
나무덩쿨은 무너져가는 담벼락에 아직 매달려 있지만,
세찬 바람이 몰아칠 때마다 죽은 이파리 떨어지고,
날은 어둡고 음울하기만 하구나

나의 인생은 춥고, 어둡고 음울한데,
비가 내리고, 바람은 그치지 않아
나의 상념은 무너져가는 과거에 아직 매달려 있지만,
젊은 날의 희망들이 거센 바람에 우수수 떨어지고,
날은 어둡고 음울하기만 하구나

슬픈 마음이여 가라앉기를! 회한의 마음도 멈추어다오
구름 너머에는 태양이 아직도 빛나고 있지 않은가
그대 운명은 뭇 사람의 운명과 다를 게 없나니,
그 어느 누구의 인생에서나 얼마간의 비가 내리는 날도 있고,
어둡고 음울한 날도 있게 마련일지니

The Rainy Day

Henry Wadsworth Longfellow

The day is cold, and dark, and dreary;
It rains, and the wind is never weary;
The vine still clings to the mouldering wall,
But at every gust the dead leaves fall,
And the day is dark and dreary.

My life is cold, and dark, and dreary;
It rains, and the wind is never weary;
My thoughts still cling to the mouldering past,
But the hopes of youth fall thick in the blast,
And the days are dark and dreary.

Be still, sad heart, and cease repining;
Behind the clouds is the sun still shining;
Thy fate is the common fate of all,
Into each life some rain must fall,
Some days must be dark and dreary.

눈 내리는 저녁 날 숲가에 서서

로버트 프로스트

이 숲들이 누구의 것일까 나는 알 것 같아
하지만 그대의 집은 저 마을에 있어
눈으로 뒤덮인 그대의 숲을 여기에 멈춰 서서,
내가 바라보고 있는 것을 그대는 모를 거야

틀림없이 내 작은 말은 이상하게 생각할 거야
일 년 중 가장 어두운 저녁날에
저 숲과 얼어붙은 호수 근처에
농가도 하나 없는 곳에 멈춰 서 있는 것을

뭔가 잘못된 것같이 의아한 듯,
그대는 마구의 워낭을 흔들어 대고 있군
무심한 바람과 함박눈이 날리는
적막만이 흐를 뿐이네

저 숲은 사랑스럽고 어둡고 그윽하지만,
나에게는 지켜야 할 약속이 있어
나에게는 잠들기 전에 가야할 길이 있어
나에게는 잠들기 전에 가야할 길이 있어

Stopping by Woods on a Snowy Evening

Robert Frost

Whose woods these are I think I know,
His house is in the village, though;
He will not see me stopping here
To watch his woods fill up with snow.

My little horse must think it queer
To stop without a farmhouse near
Between the woods and frozen lake
The darkest evening of the year.

He gives his harness bells a shake
To ask if there is some mistake
The only other sound's the sweep
Of easy wind and downy flake.

The woods are lovely, dark, and deep,
But I have promises to keep,
And miles to go before I sleep,
And miles to go before I sleep.

지하철 정거장에서

에즈라 파운드

군중 속에서 여기 사람들의 얼굴들이 유령이다
물기어린 검은 나뭇가지에 달린 꽃잎들이다

In a Station of the Metro

Ezra Pound

The apparition of these faces in the crowd;
Petals on a wet, black bough

4월

님프들의 흩어진 편린들

                                           에즈라 파운드

세 정령이 나에게로 왔다
그리고 올리브나무 가지가
맨땅에 벗겨져 누워 있는 곳으로
나를 끌고 가 분해했다
그것은 밝은 안개 아래에서 창백한 대학살이었다

April

Nympharum membra disjecta

Ezra Pound

Three spirits came to me
And drew me apart
To where the olive boughs
Lay stripped upon the ground:
Pale carnage beneath bright mist

오! 민주주의 너를 위하여

월트 휘트먼

자! 들어보게나! 나는 대륙을 분리될 수 없도록 하겠네
나는 태양의 빛을 내리 쬔 인종 중에서
가장 영광스런 인종을 만들겠네
나는 동지애로써,
평생의 동지애로써,
매력적인 신성한 국가를 만들겠네

나는 아메리카의 모든 강변에,
광대한 호수의 호반에, 대평원을 가로질러 모든 곳에
촘촘하게 우정의 나무를 심겠네

나는 동지애로써,
사나이의 동지애로써,
도시들을 그들의 팔로 서로의 목을 감싸도록 긴밀하게 만들겠네

이러한 나의 의지들로써
오! 민주주의 너를 위하여 내 아내로 받들겠네

나는 너를 위하여, 너를 위하여
이러한 내 의지의 노래들을 떨리는 목소리로 부르고 있네

For You O Democracy

Walt Whitman

Come, I will make the continent indissoluble,
I will make the most splendid race the sun ever shone upon,
I will make divine magnetic lands,
With the love of comrades,
With the life-long love of comrades

I will plant companionship thick as trees along all the rivers of America, and along the shores of the great lakes, and all over the prairies,

I will make inseparable cities with their arms about each other's necks,
By the love of comrades,
By the manly love of comrades

For you these from me, O Democracy, to serve you ma femme!

For you, for you I am trilling these songs

시대착오적인 행진 또는 자유와 민주주의

베르톨트 브레히트

봄이 독일 땅에 다시 찾아 왔다
잿더미와 폐허 너머로
자작나무의 연녹색 새눈이 싹을 틔우고 있었다
살짝이, 우아하게 그리고 대담하게

남녘으로부터, 계곡으로부터
출발한 선거권자들이 근엄하게 행진하고 있었다
엉성하게 줄을 지어 가면서,
오래된 두 현수막을 들고서

현수막의 막대기는 벌레 먹은 듯 낡았고
현수막에 새겨진 글귀는 아주 희미해졌고
그 글귀는 다음과 같은 것이었다
자유와 민주주의

교회에서 종소리가 울리고 있었다
전쟁미망인들, 조종사, 약혼녀들,
고아, 신경증환자, 불구자 -
입을 떡 벌리고 구경꾼들이 언덕배기에서 바라보고 있었다

Der anachronistische Zug Oder Freiheit und Democracy

Bertolt Brecht

Frühling wurd's in deutschem Land
Über Asch und Trümmerwand
Flog ein erstes Birkengrün
Probeweis, delikat und kühn.

Als von Süden, aus den Tälern
Herbewegte sich von Wählern
Pomphaft ein zerlumpter Zug
Der zwei alte Tafeln trug.

Mürbe war das Holz von Stichen
Und die Inschrift sehr verblichen
Und es war so etwas wie
Freiheit und Democracy.

Von den Kirchen kam Geläute
Kriegerwitwen, Fliegerbräute,
Waise, Zittrer, Hinkebein –
Offenen Maules stand's am Rain.

그리고 눈먼 자가 귀머거리와 함께 의지하면서
먼지를 일으키며 행진하고 있었다
다음과 같은 구호소리 뒤에서
자유와 민주주의

선두에 한 얼간이가 있었는데
악을 쓰면서 노래를 부르고 있었다
"나아가자, 아이들아, 하느님이 왕을 구하신대요
그리고 미국 돈 딸라를, 딸랑, 딸랑, 딸랑"

그 다음에는 수도사 복장의 두 사람이
성체聖體를 모시는 감합龕盒을 들고 걸어가고 있다
수도사 법복을 걷어 올릴 때,
그 틈에 신고 있는 장화의 긴 목을 보았는가

저기 천 보자기 위에 있는 십자가에는
오늘 한 쌍의 갈고리가 달려 있지 않도다
그 당시 나치 시대와 함께 살고 있을 때,
갈고리가 십자가에 덧붙여진 것이다

그 아래 십자가를 따라 걷고 있는 사제는
성부聖父에 의해 파견되었는데,
깊은 근심에 잠겨 있으며

Und der Blinde trug den Tauben
Was vorbeizog in den Stauben
Hinter einem Aufruf wie
Freiheit und Democaracy.

Vorneweg ein Sattelkopf
Und er sang aus vollem Kropf
"Allons, enfants, god save the king"
und den Dollar kling kling, kling.

Dann in Kutten schritten zwei
Trugen'ne Monstranz vorbei
Wurd die Kutte hochgerafft
Sah hervor ein Stiefelschaft.

Doch dem Kreuz dort auf dem Laken
Fehlen heute ein paar Haken
Da man mit den Zeiten lebt
Sind die Haken überklebt.

Drunter schritt dafür ein Pater
Abgesandt vom Heilgen Vater
Welcher tief beunruhigt

누구나 아는 바와 같이, 동쪽을 바라보고 있다

그 위에 망각하지 못하는 자들이 떼를 지어,
자신들의 긴 칼로
금지선을 짓밟고
자유로운 밤을 큰 소리로 외치고 있다

그들의 후원자들, 빨리
늙은 사장님들은 카르텔을 형성하고 있는데,
군수산업을 위하여
자유와 민주주의

발기불능의 수탉과
마찬가지로, 범 게르만족들은 자만심을 갖는다
격하게 심장이 뛰며, 자유로운 단어에 대하여,
그것은 살육이라는 말이다

교사, 권력숭배자, 두뇌파괴자들이
보조를 맞추어 행진한다
살육의 덕을 위하여, 독일 청소년들을
교육시키기 위한 권리를 위하여

의사 선생님들이 그 행진에 따르고 있다
인간 경멸자, 나치 봉사자들에게 요구하면서

Wie man weiß, nach Osten blickt.

Dicht darauf die Nichtvergesser
Die für ihre langen Messer
Stampfend in geschlossnen Reihn
Laut nach einer Freinacht schrein.

Ihre Gönner dann, die schnellen
Grauen Herrn von den Kartellen:
Für die Rüstungsindustrie
Freiheit und Democracy.

Einem impotenten Hahne
Gleichend stolzt der Pangermane
Pochend auf das freie Wort
Das heißt Mord.

Gleichen Tritts marschiern die Lehrer
Machtverehrer, Hirnverheerer
Für das Recht, die deutsche Jugend
Zu erziehn zur Schlächtertugend.

Folgen die Herrn Mediziner
Menschverächter, Nazidiener

실험을 위해 그들에게 공산주의자들을
기록해 놓으라고

세 명의 학자들, 진지하고 깡말랐구나
가스 살해시설의 설계자에게 요구한다
화학을 위해서도
자유와 민주주의

국가가 필요로 하기 때문에
탈 나치화한 나치 그들 모두는 이 행진에 따른다
결원을 메꾸는 비열한 작자들로서
그들 모두가 고위직을 차지하고 있다

저기 나치 돌격대의 편집장들은 두려워하는데,
누구나 그들의 말을 경청하게 되고,
그리고 우리들의 출판의 자유라는 토대 위에
지금도 결코 잊지 않고 있다

우리들의 가장 선량한 시민들 몇몇은
언젠가 유대인 살육자로 평가될 것이다
지금은 어찌할 수 없어 그들이 함께 걸어가도록 한다
소수자들의 권리를 위하여

이전의 국회의원,

Fordernd, dass man ihnen buche
Kommunisten für Versuche.

Drei Gelehrte, ernst und hager
Planer der Vergasungslager
Fordern auch für die Chemie
Freiheit und Democracy.

Folgend, denn es braucht der Staat sie
Alle die entnazten Nazi
Die als Filzlaus in den Ritzen
Aller hohen Ämter sitzen.

Dort die Stürmerredakteure
Sind besorgt, dass man sie höre
Und nicht etwa jetzt vergesseAuf die
Freiheit unsrer Presse.

Einige unsrer besten Bürger
Einst geschätzt als Judenwürger
Jetzt geknebelt, seht Ihr schreiten
Für das Recht der Minderheiten.

Frührer Parlamentarier

히틀러 시대에 아리안 족은
요원으로서 자리를 차지하게 되나니,
유능한 자에게 자유로운 길을 열어 준다

그리고 암시장 상인은
말하고, 질문하고 하는데, 나는 행진한다
번영(그리고 파멸)의 토대 위에서
자유로운 경쟁을 위하여

또한 법관이 저기에 있군
재미로 그는 구법을 대담하게 흔들어 놓고 있다
그는 자기 자신에 대해 작은 히틀러라고
스스로 말한다 그리고 모든 사람들은 자유라고

예술가, 음악가, 시인대공께서
외친다 월계관에 대하여 그리고 소시지에 대하여
이제는 존재할 수 없는
사라져버린 모든 것은 좋은 것이어라

채찍으로 내리치는 소리가 거리에 울리고 있다
나치 친위대가 돈벌이로 채찍을 휘두르고 있다
그러나 자유도 역시 그것들을 필요로 한다
자유와 민주주의

In den Hitlerzeiten Arier
Bietet sich als Anwalt an:
Schafft dem Tüchtigen freie Bahn!

Und der schwarze Marketier
Sagt, befraget: Ich marschier
Auf Gedeih (und auf Verderb)
Für den Freien Wettbewerb.

Und der Richter dort: zur Hetz
Schwenkt er frech ein alt Gesetz
Mit ihm von der Hitlerei
Spricht er sich und andre frei.

Künstler, Musiker, Dichterfürsten
Schrei'nd nach Lorbeer und nach Würsten
All die Guten, die geschwind
Nun es nicht zu gewesen sind.

Peitschen klatschen auf das Pflaster:
Die SS macht es für Zaster
Aber Freiheit braucht auch sie
Freiheit und Democracy.

히틀러 여성단이 오고 있다
스커트를 치켜 올리고
햇볕에 그을린 장딴지로
숙적(연합군)의 초콜릿을 얻고자 하면서

스파이, 환락을 파는 능력 있는 접대부들,
겨울구호품 조달원(유대인 박해자), 신문기자(게슈타포 수사관)
조세징수원, 기증품 수집인, 이자 수금원
독일 미수복 영토 합병론자

선거연합에서 유혈과 추잡으로
독일 현 상황을 통하여
토악질, 구역질, 악취를 풍기면서 외쳐댄다
자유와 민주주의여!

그리고 악취에 대해 감정을 터트리며
마침내 이자르 강둑(뮌헨)에 도착했다
나치 운동의 본향 도시
독일 자체를 파묻고 묘비석을 세워놓은 도시에

신문의 소식통에 의하면
그들 집에 두고 온 이들 중에는 해골처럼 굶주려서
나뒹굴고 있다 하였다
그것은 시민계급을 당혹케 하였다

Und die Hitlerfrauenschaft
Kommt, die Röcke hochgerafft
Fischend mit gebräunter Wade
Nach des Erbfeinds Schokolade.

Spitzel, Kraft durch Freude Weiber
Winterhelfer, Zeitungsschreiber
Steuer-, Spenden-, Zins-Eintreiber
Deutsches Erbland Einverleiber.

Blut und Dreck in Wahlverwandtschaft
Zog das durch die deutsche Landschaft
Rülpste, kotzte, stank und schrie:
Freiheit und Democracy!

Und kam berstend vor Gestank
Endlich an die Isarbank
Zu der Hauptstadt der Bewegung
Stadt der deutschen Grabsteinlegung.

Informiert von den Gazetten
Hungernd zwischen den Skeletten
Seiner Häuser stand herum
Das verstörte Bürgertum.

그리고 악취 나는 행진으로서
잔해더미를 가로질러 현수막을 들고 갔다
나치의 집(브라운 하우스)에서 나오는데,
여섯 명의 인물들은 침묵을 지키고 있다

그리고 행진이 멈추고
여섯 명의 인물들이 머리를 숙여 인사를 한다
그 오래된 현수막을 들고 있던
행진에 합류한다

그리고 여섯 명 정당 인사들 모두,
그들은 6개의 의장儀裝 차량에 탑승한다
잔해더미를 가로질러가며 모두가 외쳤다
자유와 민주주의여!

뼈만 앙상한 손으로 채찍의 자루를 잡고
압제의 여정에 오르기 시작한다
장갑차량을 타고 간다
중공업의 선물로

녹슨 탱크에서 인사를 많이 나눈다
역병疫病이 나돈다 그는 병에 걸린 것처럼 보인다
바람 속에서 그는 부끄러운 듯

Und als der mephitische Zug
Durch den Schutt die Tafeln trug
Treten aus dem Braunen Haus
Schweigend sechs Gestalten aus.

Und es kommt der Zug zum Halten
Neigen sich die sechs Gestalten
Und gesellen sich dem Zug
Der die alten Tafeln trug.

Und sie fahrn in sechs Karossen
Alle sechs parteigenossen
Durch den Schutt, und alles schrie:
Freiheit und Democracy!

Knochenhand am Peitschenknauf
Fährt die Unterdrückung auf
In'nem Panzerkarr'n fährt sie
Dem Geschenk der Industrie.

Groß begrüßt, in rostigem Tank
Fährt der Aussatz Er scheint krank
Schämig zupft er sich im Winde

갈색 머플러를 턱 쪽으로 높이 끌어 올린다

그의 뒤에는 '기만술수'가 따르고 있다
큰 맥주 컵을 치켜 올려 흔들면서
무료맥주 당신들은 술잔을 비우게 될 것이다
당신들의 아이들을 그에게 팔아넘길 때에만

산맥처럼 오래된 것이지만, 아직도
진취적인 모습을 띠고, 언제나
'어리석음'이 행진대열 속에 함께 있다
어떠한 시선도 그 기만술수를 보지 못한다

차량의 가장자리 위에 손을 얹어놓고
'살육' 앞으로 나아간다
짐승이 기지개를 펴고 기분 좋게 노래 부른다
자유의 달콤한 꿈을

바로 어제의 충격에 치를 떨고 있는데,
대 부호 야전사령관 원수元帥의 제복 속에서
'약탈강도'가 현실로 펼쳐진다
지구의 품속에서

그러나 6명의 대 토호土豪,
무자비한 자들은 모두

Hoch zum Kinn die braune Binde.

Hinter ihm fährt der Betrug
Schwankend einen großen Krug
Freibier Musst nur daraus saufen
Eure Kinder ihm verkaufen.

Alt wie das Gebirge, doch
Unternehmend immer noch
Fährt die Dummheit mit im Zug
Lässt kein Auge vom Betrug.

Hängend überm Wagenbord
Mit dem Arm fährt vor der Mord
Wohlig räkelt sich das VielSingt:
Sweet dream of liberty.

Zittrig noch vom gestrigen Schock
Fährt der Raub dann auf im Rock
Eines Junkers Feldmarschall
Auf dem Schoß einen Erdball.

Aber alle die sechs Großen
Eingesessnen, Gnadenlosen

이제 다음을 요구한다
자유와 민주주의

여섯 가지 역병의 뒤에서 비틀거리며
거대한 영구차가 들어오고 있다
사람들은 그것을 똑바로 보지 못한다
그것은 알려지지 않은 종족이다

폐허에서 불어오는 한 줄기 바람이
옛적에 함께 참여했던 이들에게
장례미사에서 미사곡을 불러준다
여기 큰 쥐의 집들에서

넘어진 샛길에서 빠져나오며
군중들이 이러한 행진에 따른다
그들이 고성으로 빵빵거리며 자유를 외친다
자유와 민주주의여!

Alle nun verlangen sie
Freiheit und Demokracy.

Holpernd hinter den sechs Plagen
Fährt ein Riesentotenwagen
Drinnen liegt, man sieht's nicht recht
`s ist ein unbekannt Geschlecht.

Und ein Wind aus den Ruinen
Singt die Totenmesse ihnen
Die dereinst gesessen hatten
Hier in Häusern Große Ratten.

Schlüpfend aus gestürzten Gassen
Folgend diesem Zug in Massen
Hoch die Freiheit piepsen sie
Freiheit und Democracy!

게오르그 빌헬름 프리드리히 헤겔이,
"엘레우시스" 시를 1796년 8월에 휠더린에게 바친다

내가 머물고 있는 이곳에,
그리고 내 마음 속에 평온이 깃들고 있노라
부지런히 일하던 사람에게도
그치지 않았던 근심이 잠을 자고 있구나
당신은 나에게 자유와 안식을 주노니, 감사하므니이다! 그대,
나의 해방자여 오, 밤이여! - 달님은 하얀 안개 면사포로
멀리 있는 저 언덕의 흐릿한 능선을 덮고 있노라
저 너머 호수의 밝은 물결은 다정하게 반짝이고 있구나
한 낮에 지겨웠던 소음도 기억 속에서 멀어져 가노라 -
마치 낮과 지금의 밤사이 여러 해가 있었던 것처럼
사랑하는 이여, 그대 모습 내 앞에 다가오고
지나가버린 날들에 있었던 즐거움이 떠오르네
하지만 그 즐거움도 더 달콤한 재회의 희망보다는 덜하게 될지니라
벌써부터 오랫동안 그리워했던 뜨거운 포옹의 장면,
그리고 나서 여기 친구의
태도, 표정, 소갈머리가 그때 이래 어떻게 변했는지 알아보려고
다소곳이 서로 안부를 묻는 장면이 그려지고 있네
- 서약으로 봉인되어 있지 않은데도
신실한 옛 언약이 더 굳건해지고 숙성되고 있다는 걸 찾게 되면,
확실한 기쁨이 될 것이네

Georg Wilhelm Friedrich Hegel widmete das
Gedicht Eleusis Hölderlin, August 1796

Um mich, in mir wohnt Ruhe.
Der geschäft'gen Menschen
Nie müde Sorge schläft.
Sie geben Freiheit
Und Muße mir. Dank dir, du meine
Befreierin, o Nacht! – Mit weißem Nebelflor
Umzieht der Mond die ungewissen Grenzen
Der fernen Hügel. Freundlich blinkt
Der helle Streif des Sees herüber.
Des Tags langweil'gen Lärmen fernt Erinnerung,
Als lägen Jahre zwischen ihm und itzt.
Dein Bild, Geliebter, tritt vor mich,
Und der entfloh'nen Tage Lust. Doch bald weicht sie
Des Wiedersehens süßern Hoffnungen.
Schon malt sich mir der langersehnten, feurigen
Umarmung Scene; dann der Fragen, des geheimern,
Des wechselseitigen Ausspähens Scene,
Was hier an Haltung, Ausdruck, Sinnesart am Freund
Sich seit der Zeit geändert; – der Gewißheit Wonne,
Des alten Bundes Treue, fester, reifer noch zu finden,
Des Bundes, den kein Eid besiegelte:

오직 자유로운 진리에만 살고,
사상과 감성을 규율하는 규정을 두고 있는 평화조약에 대해서는
결코, 결코 따르지 않겠다고 결의했었지
산을 넘고 강을 건너 단순히 그대에게 가고자 했던
내 소망이 이제 열악한 현실과 타협하게 되고 마네
이러한 소망과 현실의 불화를 알리게 되니
한숨이 나고,
이 한숨과 함께 재회의 달콤한 환상의 꿈도 사라져 버리고 마네

영원한 천상의 궁륭을 올려다보며,
그대, 밤이 품고 있는, 오 빛나는 별자리를 바라보노라
그대 밤 속의 영원으로부터
모든 소망, 모든 희망에 대한 망각이 흘러내리고 있네
어둠에 대한 응시 속에서 감각은 의미를 상실하고,
나의 소유라고 여겨졌던 것도 사라지고 있네
무한 절대자에게 나를 의탁하니
나는 그 안에 있고,
나는 모든 것이며, 나는 바로 나일뿐이로다
이러한 생각에 회귀하게 되는 것이 낯설고,
무한절대자에 대해 전율하는데,
놀랍게도 그 무한절대자는 이러한 나의 심오한
직관을 파악하지 못하네
환상을 통하여 영원자는 의미있게 다가오고,
형상을 가지게 된다네 - 환영하오,
그대 숭고한 정령들이여, 고귀한 그림자들이여!

der freien Wahrheit nur zu leben,
Frieden mit der Satzung
Die Meinung und Empfindung regelt, nie, nie einzugehn!
Nun unterhandelt mit der trägern Wirklichkeit der Wunsch,
Der über Berge, Flüsse leicht mich zu dir trug
Doch ihren Zwist verkündet bald ein Seufzer, und mit ihm
Entflieht der süßen Phantasien Traum.

Mein Aug' erhebt sich zu des ew'gen Himmels Wölbung,
Zu dir, o glänzendes Gestirn der Nacht!
Und aller Wünsche, aller Hoffnungen
Vergessen strömt aus deiner Ewigkeit herab
Der Sinn verliert sich in dem Anschau'n,
Was mein ich nannte schwindet.
Ich gebe mich dem Unermeßlichen dahin
Ich bin in ihm, bin alles, bin nur es.
Dem wiederkehrenden Gedanken fremdet,
Ihm graut vor dem Unendlichen, und staunend faßt
Er dieses Anschaun's Tiefe nicht.
Dem Sinne nähert Phantasie das Ewige,
Vermählt es mit Gestalt – Willkommen, ihr,
Erhab'ne Geister, hohe Schatten,

그대들의 이마로부터 완전함의 빛이 발산되고 있구나!
무섭지 않네
나는 그것이 내 피안의 에테르,
그대들을 에워싸고 흐르는 진솔함, 훌륭함이라고 느낀다오
아! 이제 그대의 성전의 문들이 저절로 열렸나니
엘레우시스에서 통치하는 그대, 오! 세레스여!
무아지경으로 이제 나는 그대가 가까이 있음에 전율하고,
그대의 계시를 이해하겠노라
형상들의 고귀한 의미를 되새기며,
신들의 만찬에서 울리는
찬가와 신탁의 고귀한 언어들을 알아들을 수 있게 되었다오

오, 여신이여! 하지만 그대의 회당에서는 노랫소리가 그치었고,
신들의 영역은 성스러운 제단에서 올림포스 산으로 돌아갔으며,
그때 인간을 사로잡았던 순결한 정령은
타락해버린 인류의 무덤에서 달아났다네!
그대의 사제들은 지혜에 대해서 침묵하노니,
거룩한 축성의 어떤 음조로도 우리를 구원하지 못하였다네
헛되게도 학자는 지혜에 대한 사랑보다 호기심을 추구하고 있구나
탐구자들은 호기심을 갖고서 그대를 경멸하고 있다오
지혜를 정복하기 위하여 탐구자들은 낱말들을 채굴하고 있구나
마치 거기에 그대의 고귀한 뜻이 새겨져 있기라도 한다는 듯!
헛되도다! 아마도 그들은 먼지와 재만을 붙잡을 뿐일진대,

Von deren Stirne die Vollendung strahlt!
Erschrecket nicht. Ich fühl', es ist auch meine Heimat,
Der Glanz, der Ernst, der euch umfließt.
Ha! Sprängen itzt die Pforten deines Heiligtums,
O Ceres, die du in Eleusis throntest!
Begeist'rungstrunken fühlt' ich itzt
Die Schauer deiner Nähe,
Verstände deine Offenbarungen,
Ich deutete der Bilder hohen Sinn, vernähme
Die Hymnen bei der Götter Mahle,
Die hohen Sprüche ihres Rats.

Doch deine Hallen sind verstummt, o Göttin!
Gefloh'n ist der Götter Kreis in den Olymp
Zurück von den entheiligten Altären,
Gefloh'n von der entweihten Menschheit Grab,
Der Unschuld Genius, der her sie zauberte.
Die Weisheit deiner Priester schweigt.
Kein Ton der heil'gen Weih'n
Hat sich zu uns gerettet, und vergebens sucht
Der Forscher Neugier mehr, als Liebe
Zur Weisheit Sie besitzen die Sucher und verachten dich.
Um sie zu meistern, graben sie nach Worten,
In die dein hoher Sinn gepräget wär'.
Vergebens! Etwas Staub und Asche nur erhaschten sie,

영원히 죽은 자들은 또한 영혼이 빠져 나간 거죽과 부패 속에서
마땅한 자리에 머무를 것이리라
- 헛되구나, 그대의 축제에 어떠한 표지도 남기지 못하고,
그대의 형상에 어떠한 흔적도 남기지 않았으니!
거기에는 그대의 생명이 영원히 결코 그들에게 회귀하지 않을지어다
성자에게는 고귀한 가르침이 충만하였고,
이루 말할 수 없이 심오한 마음은 너무나 거룩하여라
메마른 표현으로는 그 가치를 판단할 수 없을 정도로
결코 사유를 통해서는,
시간과 공간 너머에 무한성을 예감하고 침잠되어 있다가,
자신을 잊어버리고 있다가,
이제 의식으로 다시 깨어나는 영혼을 파악할 수 없다네
다른 사람에게 이 사실을 말하고자 하는 자는,
천사의 혀로 말한다 해도, 말의 가난함을 느꼈을 것이오
그가 두려워하는 건,
거룩함이 생각을 통해 작아지고, 말을 통해 작아져서,
말하는 것이 그에게 죄로 생각되고,
떨려서 입을 다물어 버리지 않을까 하는 것이라오
거룩한 밤에 성인이 보고 듣고 느낀 것을 전할 수 없다는,
지혜로운 법은 성인이 스스로 삼갔던 것을
보다 더 가난한 이들에게 삼가게 했던 것이라네

이들의 허튼 소란도 개심자 자신의 예배를 방해하지는 못하고,
그들의 공허한 잡소리도 거룩함 자체를 향한 그이를 성나게 할 뿐이네
이러한 거룩함은

Doch unter Moder und Entseeltem auch gefielen sich
Die Ewigtoten, die Genügsamen! – Umsonst, es blieb
Kein Zeichen deiner Feste, keines Bildes Spur.
Worein dein Leben ihnen ewig nimmer wiederkehrt
Dem Sohn der Weihe war der hohen Lehren Fülle,
Des unaussprechlichen Gefühles Tiefe viel zu heilig,
Als daß er trock'ne Zeichen ihrer würdigte.
Schon der Gedanke faßt die Seele nicht,
Die, außer Zeit und Raum in Ahnung der Unendlichkeit
Versunken, sich vergißt und wieder zum Bewußtsein nun
Erwacht Wer gar davon zu andern sprechen wollte,
Spräch' er mit Engelzungen, fühlt der Worte Armut.
Ihm graut, das Heilige so klein gedacht,
Durch sie so klein gemacht zu haben, daß die Red' ihm
Sünde deucht,
Und daß er bebend sich den Mund verschließt.
Was der Geweihte sich so selbst verbot, verbot ein weises
Gesetz den ärmern Geistern, das nicht kund zu tun,
Was sie in heil'ger Nacht gesehn, gehört, gefühlt,

Daß nicht den Bessern selbst auch ihres Unfugs Lärm
In seiner Andacht stört', ihr hohler Wörterkram
Ihn auf das Heil'ge selbst erzürnen machte, dieses nicht

사람의 기억에만 맡길 만큼 진창에 떨어질 수 없는 것이고,
궤변론자가 은전 몇 닢을 받고 팔아버리는
장난감이나 상품이 될 수 없는 것이며,
뒷담화를 일삼는 위선자의 외투나,
즐겁게 노는 아이들의 막대기가 될 수 없는 것이네
그리고 거룩함이 자신의 삶에서 내뱉는
낯선 말들의 메아리에만 뿌리를 두게 된다면 종국적으로
공허하게 될 걸세
여신이여, 그대의 아들들은 그대의 영예를
길거리와 시장으로 야비하게 끌고 다니진 않았고,
그대 가슴 안의 성전에 그 영예를 간직하였다오
그대는 사람들의 구설의 언저리에 살지 않았으며,
그들의 삶은 그대를 경외하는 것이었다오
그대는 그들의 행위 속에서 여전히 살고 있다오

이 밤에도 나는 그대를 인지하오! 거룩한 신이여!
그대 후손의 삶이 종종 나에게 그대를 계시해 준다오!
나는 그들 행위의 영혼으로서 자주 그대를 예지한다오!
그대는 고귀한 뜻, 충실한 믿음이며,
모든 것이 멸망해도 흔들리지 않는 하나님이라오

So in den Kot getreten würde, daß man dem
Gedächtnis gar es anvertraute, daß es nicht
Zum Spielzeug und zur Ware des Sophisten,
Die er obolenweis verkaufte,
Zu den beredten Heuchlers Mantel, oder gar
Zur Rute schon des frohen Knaben, und so leer
Am Ende würde, daß es nur im Widerhall
Von fremden Zungen seines Lebens Wurzeln hätte
Es trugen geizig deine Söhne, Göttin,
Nicht deine Ehr' auf Gaß' und Markt, verwahrten sie
Im innern Heiligtum der Brust.
Drum lebtest du auf ihrem Munde nicht.
Ihr Leben ehrte dich In ihren Taten lebst du noch.

Auch diese Nacht vernahm ich, heil'ge Gottheit, dich.
Dich offenbart oft mir auch deiner Kinder Leben,
Dich ahn' ich oft als Seele ihrer Taten!
Du bist der hohe Sinn, der treue Glauben,
Der, einer Gottheit, wenn auch alles untergeht, nicht wankt.

혁명

파블로 네루다

높으신 분들이 쓰러졌다
벌레 먹은 진흙으로 만들어진
제복으로 감싸진 채로
이름 없는 인민들이 죽창을 어깨에 메고,
장벽을 무너뜨리고,
독재자를 그의 황금 문짝에 못을 박아 놓고는
난닝구만 걸친 채로
공장, 사무실, 탄광에 있는
조그만 회합장소로 갔다
이러한 인민들은
중년의
사람들이었다
도미니카의 금이빨 트루히요가 격살되었고,
니카라과에서는
하나의 소모사(가르시아 소모사)가
총탄으로 벌집 되어,
늪지에서 피를 흘리며 죽었으며,

Revolutions

Pablo Neruda

Dignitaries fell,
wrapped in their togas
of worm-eaten mud,
nameless people shouldered spears,
tumbled the walls,
nailed the tyrant to his golden door,
or in shirtsleeves, went
simply
to a small meeting
in factories, offices, mines
These were
the
in-between
years
Trujillo of the gold teeth fell
and in Nicaragua
one Somoza, riddled
with bullets,
bled to death in his swamp

또 다른 소모사(아나스타시오 소모사) 쥐새끼가
벌벌 떨며
먼저 죽은 쥐새끼의 자리에 나타났으나,
오래 가지는 않을 것이다
영예와 굴욕, 맞부닥치는 바람들의
참혹한 날들이여!
어떤 고요한 비밀의 장소로부터
인민들은 색 바랜 월계관을 가져와
시인에게 씌어주며 치하하였다
시인은 가죽 북을 울리고
돌 나팔을 불며 마을을 지나갔다
반쯤 눈을 감고 암흑 속에서
굶주림을 성경구절처럼 터득하였던
시골 사람들은
화산을, 강물을, 인민들을, 그리고 평원을
가로질러 가는 시인을 바라보았고,
그 시인이 누구인지 알아보았다
인민들은 자신들의
잎사귀 아래
시인을 숨겨 주었고,
시인은
칠현금을 켜면서,
산속에서 베어낸,

for another Somoza-rat
to emerge like a chill
in the place of that dead rat;
but he will not last long
Honor and dishonor, contrary winds
of those terrible days!
From some still-hidden place, they brought
a vague laurel crown to the poet
and recognized him
He passed the villages
with his leather drum
and stone trumpet
Country people with half-shut eyes
who had learned in the dark
and knew hunger like a sacred text
looked at the poet who had crossed
volcanoes, waters, peoples, and plains
and knew who he was
They sheltered him
under
their foliage
The poet
was there with his lyre
and his stick, cut in the mountains

향기로운 나무로 만든 지팡이를 짚고,

인민들과 함께 있었으며,

시인이 알면 알수록,

시인이 노래하면 할수록,

고통은 더욱더 커져 갔다

시인은

인간적인 가족을,

잃어버린 어머니와 아버지들을,

무수한 할아버지와 아이들을 찾아냈고,

그리하여

천명의 형제들을 가지게 되는 것에도 익숙해졌다

그래서 시인은

외로움으로부터는 고통 받지 않았다

또한 시인은 칠현금을 켜면서,

끝없는 강물을

바라보는 강둑 위에서

숲 나무로 만든 자신의 지팡이를 짚고,

바위들 사이에서

다리를 쉬고 있었다

아무것도 일어나지 않았으며,

어떠한 것도 일어날 기미조차 없었다

- 강물은 속을 비추고

노래하면서

from a fragrant tree,
and the more he suffered,
the more he knew,
the more he sang
He had found
the human family,
his lost mothers,
his fathers,
an infinite number
of grandfathers, children,
and so he grew used to
having a thousand brothers
So, he didn't suffer from loneliness
Besides, with his lyre
and his forest stick
on the bank
of the infinite river
he cooled his feet
among the stones
Nothing happened, or nothing seeded
to happen –
the water, perhaps, which slithered
on itself,
singing

아마도 자신에게만 기대어
미끄러져 나아가고 있는 듯하였다
쇠 빛깔을 띤 밀림이
시인을 에워싸고 있었다
그 곳은 고요의 땅이었고,
가장 푸르고 순수한
행성의 중심이었으며,
시인은 칠현금을 켜면서,
둥근 돌 사이에,
물소리와 함께
그 곳에 있었으며,
자연 세계의 힘, 맥박,
적막을 제외하고는
아무 일도
일어나지 않았다
그러나 시인은
심각한 사랑과 분노하는 영광을
운명적으로 갈구하고 있었다
시인은 숲과 강물에서 빠져 나왔다
시인과 함께, 검劍처럼 투명하게
시인의 노래가 불꽃이 튀었다

from transparency
The iron-colored jungle
surrounded him
That was the still point,
the bluest, the pure center
of the planet,
and he was there with his lyre,
among boulders
and the sounding
water,
and nothing happened
except the wide silence,
the pulse, the power
of the natural world
He was, however,
fated for a grave love,
an angry honor
He came out from the woods
and the waters
With him went, clear as a sword,
the fire of his song

건전한 혁명

데이비드 허버트 로렌스

혁명을 하려면 재미있게 하라
무섭게 시리 심각하게 하지마라
너무 진지하게 하지마라
재미있게 혁명하라

사람들을 증오하여 혁명하지는 마라
그들의 눈에 단지 침을 뱉기 위해 혁명을 하라

돈 때문에 혁명하지는 마라
혁명을 해서 돈을 지옥에 떨어뜨려라

평등을 위해서 혁명하지는 마라
이미 우리가 너무 많은 평등을 가지고 있다는 이유로 혁명하라
그러면 사과 수레를 뒤엎어 어느 쪽으로 사과들이 굴러가는지
보는 것도 재미있을 것이오

근로자 계급을 위해 혁명하지 마라
우리 모두 스스로 작은 귀족들이 될 수 있도록 혁명을 해치우고,

A Sane Revolution

David Herbert Lawrence

If you make a revolution, make it for fun,
don't make it in ghastly seriousness,
don't do it in deadly earnest,
do it for fun

Don't do it because you hate people,
do it just to spit in their eye

Don't do it for the money,
do it and be damned to the money

Don't do it for equality,
do it because we've got too much equality
and it would be fun to upset the apple-cart
and see which way the apples would go a-rolling

Don't do it for the working classes
Do it so that we can all of us be little aristocracies on our

즐겁게 달아나는 당나귀처럼 그런 혁명을 하라

어쨌든 세계 노동자를 위해 혁명하지 마라
노동은 인간이 너무 흔하게 가지고 있었던 것이다
노동을 철폐하자, 노동하는 것을 없애자
일은 재미일 수 있고, 그러면 사람들은 일을 즐길 수 있다
일을 즐길 때 이미 그것은 노동이 아니다
그러한 일을 하자! 혁명을 재미있게 하자!

own

and kick our heels like jolly escaped asses

Don't do it, anyhow, for international Labour
Labour is the one thing a man has had too much of
Let's abolish labour, let's have done with labouring!
Work can be fun, and men can enjoy it; then it's not labour
Let's have it so! Let's make a revolution for fun!

혁명의 시초

랄프 왈도 에머슨

"모든 혁명은 처음에는 한 사람의 정신에서 나온 하나의 생각이었다. 그리고 똑같은 생각이 다른 사람에게도 생겨나는 경우, 그것은 바로 그 시대를 여는 열쇠가 된다."

Ralph waldo Emerson

"Every revolution was first a thought in one man's mind, and when the same thought occurs to another man, it is the key to that era"

CHAEMUNSA PURPLE BOOKS
채문사 채문시집 002

겸허한 사랑

2021년 12월 01일 제 1쇄 발행

지 은 이	황두승
발 행 인	인세호
편 집 인	인세호

발 행 처	(주)채문사
주 소	서울시 마포구 독막로6길 9, 2층 2426호
전 화	070-7913-2333
메 일	chaemunsa@gmail.com
등 록	2018년 4월 12일 (등록번호 제 2018-000101호)
인 쇄	(주)한솔피엔비

I S B N   979-11-975732-3-1

* 이 책은 사회적 기업 (주)디올연구소의 노안, 저시력자용 특수 폰트를 사용하고 있습니다.

* 잘못 만들어진 책은 구입처에서 바꿀 수 있습니다.
* 이 책에 실린 내용의 전부 또는 일부를 재사용하려면 (주)채문사의 동의를 받아야 합니다.
* 가격은 표지에 표시되어 있습니다.

Printed in Korea
Copyright (C) 2021 by Chaemunsa Co., Ltd. All rights reserved.
http://www.chaemunsa.com